영어 1등급,
초등 4학년에
결정된다

영어 1등급, 초등 4학년에 결정된다

김수민 지음

midnight
심야 bookstore
책방

프롤로그

우선 이 책을 집어 들어준 데 감사한 마음을 전한다. 나는 15년 동안 경기도 분당에서 학원 교육에 종사하며 많은 학생을 지도해왔다. 제자 중 많은 아이가 명문 대학과 특수목적고등학교(특목고)에 진학했고, 매년 최상위권 아이들을 배출했으며, 여러 학부모를 만났다. 제자들의 결과와 학부모의 피드백을 이 글에 반영했다. 약 15년 동안 쌓아온 내 경험과 노하우를 가감 없이 알려드린다는 마음으로 이 책을 썼다.

정보의 홍수 속에서 대체 우리 아이는 어떤 방법으로 어떻게 영어를 공부시켜야 할지 갈팡질팡하는 부모를 많이 봐왔다. 나만 보더라도 여러 커리큘럼을 운영하다가도 '이 방법이 과연 가장 효과적일까?' '더 부족한 것은 없을까?' '이 영역을 좀 보강해야 하지 않을까?'

노파심이 들 때가 많았다.

하지만 많은 학부모님을 만나면서 그들이 주는 피드백과 대학 입시 후기를 함께 이야기하면서 내 방법을 확신하게 되었다. 의대 또는 소위 말하는 SKY에 간 학생의 부모님들이 입시가 끝난 후 이런 말씀을 하셨다.

"선생님, 만약 다시 초등맘, 중등맘으로 돌아간다면 그냥 '이렇게' 할걸 그랬어요."

그들이 말하는 '이렇게'라는 영어 교육을 성공으로 이끄는 효과적인 로드맵은 따로 있다.

이 책은 나의 노하우와 현장 사례를 바탕으로 썼다. 가르치는 일과 커리큘럼 짜는 일을 넘나들며 교육이라는 씨줄과 로드맵이라는 날줄로 이 책을 짰다. 본격적으로 집필한 기간은 4개월이었지만, 사실상 15년 동안 줄곧 써온 것이다. 책에 담은 영어 공부법은 20개가 넘는다. 모두 가장 효과가 좋았던 방법만 담았다. 누구나 할 수 있는 쉬운 방법이다. 아이에게 맞는 것을 고르거나 2~3개를 합해 활용하면 된다.

영어 로드맵과 입시는 한 쌍이다. 대학 입시는 보는 면에 따라 공정하기도 하고 아니기도 하다. 아이들에게 주어진 시간과 쓸 수 있는 의지력, 노력이 한정되어 있다는 점에서는 공정하다. 하지만 그 외에는 공정한 게 별로 없다. 갈 수 있는 학원, 쓸 수 있는 교재, 지도할 수 있는 부모의 역량 등 여러 변수가 아이들의 영어 실력에 많은 영향을 미친다. 어쩌면 노력, 시간, 의지가 미치는 비중보다 어떤 로드맵을 밟느냐가 입시의 성패를 가른다고 볼 수 있다.

실패 확률을 줄이고 싶어서 검증된 결과만 토대로 정리한 것이 이 책에서 소개하는 로드맵이다. 초점을 잘 맞춘 사진처럼 로드맵은 한정식이 아니라 '일품요리'여야 한다. 백화점이 아니라 '전문점'이어야 한다.

로드맵이 없는 공부는 입시와 연결되지 못한다. 이 책의 핵심 메시지다. 가장 효율적이고 필요한 공부들만 모았다. 너무 어렵지도 않고 쉽지도 않으니 단계별 학습 목표와 추천 공부법을 따라가면 된다.

이 책의 제목인 《영어 1등급, 초등 4학년에 결정된다》에도 그런 의미가 담겨 있다. 초등학생 때부터 시기마다 공부해야 하는 청사진이 있다.

가장 사랑하는 이가 아이를 이렇게 가르치고, 가장 아끼는 제자가 이렇게 성장했으면 하는 바람으로 썼다. 이 책을 읽고 나면 왠지 잘할 수 있을 듯한 자신감이 생기고, 희망이 보일 것이다.

그러나 착각하지 마시라. 이제부터 시작이다. 많이 시도해보고 오랫동안 노력해야 한다. 아이에게 맞는 효과적인 영어 공부법을 찾아내기 위해 부단히 궁리해야 한다. 무엇보다 그런 노력을 하겠다는 마음부터 먹어야 한다. 지금 이 책을 집어 든 당신은 이미 그런 사람이다.

김수민

목차

5장 영어 공부의 오해와 진실 Top 10

1장

핵심을 알아야
집중할 수 있다

살면서 혼자 할 수 있는 일은 별로 없다. 누군가의 도움이 필요하다. 좋은 결과를 낸 앞선 사례가 가장 확실히 도움이 된다. 성공할 확률이 높은 방법으로 공부해야 한다. 아이들에게 주어지는 '입시'는 누구에게나 중요한 기회이기 때문이다.

내 아이의
진짜 실력을 파악하자

내가 처음 영어를 가르치기 시작한 곳은 경기도 분당에 있는 어학원이었다. 어학원에서도 가장 수준 높은 마스터리Mastery반을 주로 담당했다. 어학원을 퇴사하고 과외와 교습소를 운영해 만난 아이들도 주로 상위권 아이들이었다. 점차 가르치는 아이들이 많아져 운영하던 교습소를 보습학원으로 확장하였다.

우리 학원은 한동안 중상위권 아이들이 주로 공부했다. 학원이 커지면서 가르치는 아이들의 나이와 실력도 매우 다양해졌다. 중학교 1등부터 내신 점수 50점도 넘기 힘든 아이들, 초등학교 1학년인데 고학년보다 실력이 좋은 아이들부터 중학교 입학이 코앞인데 읽지 못하는 아이들까지 안 만나본 사례를 찾기 힘들 정도다. 다양한 유형의 아이들을 만나다 보니 동시에 만나는 부모님도 많아졌다. 이들과 함께 아이들이 크는 모습도 같이 보았다.

학부모를 알게 되면 입시라는 공동의 목표가 생긴다. 그 목표를 두고 희로애락을 함께한다. 아이의 합격 소식에 함께 기쁘고, 뿌듯하고 큰 성취감을 느낀다. 시험과 입시가 끝나면 실패 원인을 파악하고, 동생들이 다시 원에 입학하면 둘째는 이런 전략으로 재도전해 보자고 굳은 결의를 다졌다. 이런 과정을 10여 년간 반복하며 알게 된 것이 있다. 공부에는 왕도가 없다지만, 영어라는 교과목 특성상 영어 공부에는 더 효율적인 방법이 있다는 점이다. 가장 기억에 남는 3가지 사례를 소개한다.

공부는 초점이 중요하다

학원 운영 초창기에 만난 현성이 어머님은 초등학교 교사로 교육 철학과 소신이 확실했다. 공교육에 몸담고 있지만 사교육도 선택적으로 잘 활용했다. 감사하게도 첫 아이인 현성이를 초등학교 5학년부터 고등학교 1학년까지 나에게 맡겼다. 보통 아이들은 고등학교 2학년부터 혼자 공부한다. 한마디로 학원에 따로 다니지 않고 감을 잃지 않을 정도로만 유지하며 내신 기간에 영어를 바짝 공부한다.

현성이는 5세부터 분당에서 가장 공부를 많이 시키는 학습형 영어 유치원에 다녔다. 초등학교 5학년부터는 영어를 체계적이고 깊이 있게 공부했다. 매우 성실해서 이 아이가 나에게 온 게 행운이란 생각이 들 정도였다. 하지만 현성이에게 문제가 있었다. 고등학교 2학년부터 영어를 제외한 다른 과목 성적이 떨어지기 시작한 것이다.

학부모 중에 현성이를 가르치는 국어 선생님이 계셔서 이야기를 나눠봤더니 문해력이 약해 결정적인 순간에 문제 해결 능력을 발휘하지 못한다고 했다. 일정 부분 공감했다. 영어를 가르치면서 나도 느꼈던 부분이었다. 결국 재수하고 원하는 대학에 입학하긴 했지만 공부 방법을 수정하고 올바로 잡아가는 길은 험난했다.

"선생님, 민성이는 많은 욕심 안 부려요. 그냥 독해력과 어휘만 잡아주세요."

현성이의 동생 민성이를 나에게 다시 맡기며 어머님이 하신 말씀이다. 입시와 연관된 공부만 하겠다는 뜻이었다. 하나를 향해 직진하는 마음, 입시 영어는 초점이 중요하다.

두 번째 아이는 승현이다. 승현이는 중학교 2학년까지 어머님이 홈스쿨링으로 집에서 영어를 지도하다가 난도(難度, 어려움의 정도)가 높아지는 과정을 지도할 수 없어 우리 학원에 온 아이다. 승현이 누나는 서울 소재 의대생이다. 어머님께서는 첫째를 입시에 성공해 입시에 대해서는 자신감이 있었다. 과목별로 공식같이 외우는 자신만의 로드맵이 있었다. 그에 나도 많이 동감했고, 내가 제시하는 영어 커리큘럼과 과정, 의견에 많이 공감해주셨다.

보통 고등학교에 입학하면 학교 내신과 수능 영어 공부가 양과 범위도 차이가 있을뿐더러 질적으로 중학생 때와는 완전히 다르다. 고등학교 1학년 때 '영어 포기자'가 속출하는 이유이기도 하다. 내가 가르치는 고등학교 1학년 반 아이들도 마찬가지로 고군분투 중이었다. 특히 시험 기간이 되거나 모의고사를 대비하는 기간이면 아이들은 양도 많고 난도도 높은 시험에 멘탈이 흔들린다.

그때마다 승현이의 활약이 반 운영에 큰 도움이 되었다. 남학생이지만 붙임성 많고 살가운 성격의 승현이는 공부하라고 아이들을 설득하는 선생님을 도와주는 마음으로 이런 말을 하며 친구들을 다독여주었다.

"야, 우리 누나가 의대 갔잖아. 엄마가 그러는데 고등학생 때는 그냥 이게 답이래." 수업 시간에 이런 말로 내 편이 되어주면, 많은 학습량이 불만이었던 아이들도 금세 수긍하는 분위기가 되었다. 승현이는 정확한 로드맵과 자기가 하는 공부에 확신이 있었다. 우리 학원 아이들에게 입시에 있어 뭐가 답인지 산증인 같은 역할을 해주었다. 가르치는 내내 믿음직스럽고 고마웠다.

마지막은 나의 사촌 조카 윤우 이야기다. 윤우는 현재 중학교 3학년이며, 사촌 언니는 일명 '강남맘'이다. 윤우는 5세부터 초등학교 입학 전까지 서울 압구정에 있는 영어 유치원에 다녔다. 초등학교 입학 후에는 서울 대치동에서 가장 유명한 영어 학원에 6년 정도 다녔다. 그곳에서 미국 교과서와 소설책 등을 공부하며 토론Debate과 에세이

Essay까지 열심히 공부했다. 영어뿐 아니라 주요 과목에서 좋다는 사교육은 모두 받았다. 6학년 때는 강남구청에서 운영하는 영재반에 다닐 정도로 우수한 아이다.

윤우가 중학교에 입학할 때가 되자, 별 고민 없이 잘 교육해오던 사촌 언니가 고민에 빠졌다.

'이제는 입시 영어를 하는 학원으로 바꿔야 하지 않나, 이렇게 계속해도 되나, 입시 영어를 공부하지 않다가 자율형사립고(자사고)에 입학하면 우수한 아이들을 많이 만날 텐데 영어 수업에서 뒤처지지 않으려면 어떻게 해야 하나, 학원과 과외를 병행해야 하나⋯⋯.'

공감은 되었지만 답답했다. 아직 대입을 치르지 않은 부모로선 길을 몰라 불안하고, 확신이 들지 않을 수 있다. 하지만 많은 아이가 대입을 치르는 과정을 봐온 나로서는 답이 정해져 있었다. "언니, 그냥 이것만 하면 된다"고 알려주고 싶었지만, 혹시나 마음이 다칠까 봐 조심스러워서 참았다. 다행히 언니는 윤우가 중학교 2학년이 된 후부터 영어 교육에 갈피를 잡고 안정적으로 아이를 지도하고 있다.

위의 사례를 통해 내가 말하고 싶은 것은 3가지다. 첫째, 부모는 아이의 적재적소에 필요한 영어 교육을 선택적으로 찾아줘야 한다. 둘째, 검증된 방법을 찾았으면 주관을 갖고 간결한 계획을 짜야 한다. 셋째, 간결하게 짜인 계획을 소신 있게 밀고 나가야 한다.

간단해 보이지만 쉽지 않다. 방해하는 요소가 있기 때문이다. 바로 가려진 내 아이의 진짜 실력과 장기적 안목의 부재다.

내 아이의 진짜 실력을 파악하자

아이의 영어 실력을 가늠하는 데는 딱히 기준점이 없다. 오랜 시간이 지나서야 문제가 무엇이었는지 알게 된다. 이 문제에는 여러 범인이 있다. 지역마다 기준이 다른 학교 시험, 학원마다 다른 기준으로 만든 단계별 시험이 내 아이의 진짜 실력을 숨기는 주범이다. 학교 시험마저 그렇다. 초등학교, 중학교 영어 시험은 지역마다 기준이 널뛰기한다. 서울 강남 교육특구의 내신 문제와 지방의 시험 문제 수준을 보면 몇 학년 차이가 날 정도로 지역 차가 크다. 학교 시험이 이러니 사교육 시장은 말할 것도 없다. 학교와 학원의 교육과정이 다르며, 학원마다 '이렇게 해야 한다'라며 내세우는 기준도 모두 다르다.

그래서 학부모 상담 때 내가 챙기는 표 두 장이 있다. '학원별 레벨 테스트 기준표'와 '읽기 지수표'다. 나만의 레벨 환산표다. 많은 학부모 상담 끝에 중구난방으로 측정되는 아이들의 단계를 나의 기준으로 살펴보기 위해 만들었다. 오죽하면 상담실 책상에 붙어 있을 정도다. '이 학원에서 이 레벨이면, 저 학원에서 이 정도 반이구나……'

만나는 학부모마다 모두 다른 기준으로 아이의 레벨을 말한다. 이걸 곧이곧대로 듣다가는 레벨 측정이 어렵다. 가령 미국 교과서 2학년 과정을 모두 끝냈다고 했는데 소리를 내 잘 읽지도 못하는 아이도 있고, 중등 문법을 모두 선행했다고 해도 아주 기초 문법부터 다시 해야 하는 아이들도 많다. 학원마다 모두 다른 기준으로 영어 실력을 측정하기 때문에 이런 일이 생긴다.

지역마다 기준이 다른 학교 시험, 학원마다 다른 기준으로 만들어 놓은 교육과정이 내 아이의 진짜 실력을 숨기는 주범이라면 너무 쉬운 학교 영어 시험은 공범이다.

　　예를 들어보자. 초등학교 영어 시험인 단원평가를 잘 봤다고 이 아이가 영어를 잘한다고 생각하는 사람은 아무도 없다. 오히려 80점 이하 점수를 받는 학생을 찾기 힘들 정도다. 중학교에 입학해서도 마찬가지다. 실력이 천차만별인 학생들도 막상 시험 결과는 94점, 96점 엇비슷하게 나온다. 96점 받은 학생은 암기 실력이 뛰어나 교과서 본문을 충실히 암기하고 문법 공부를 열심히 한 것이고, 94점 받은 학생이 고등학교 1학년 모의고사 1등급을 어렵지 않게 받는 실력인데도 말이다. 부모가 보기에는 96점 학생이 더 성적이 높다고 생각할 테지만, 내가 보기에는 94점 받은 학생의 영어 실력이 월등히 좋다. 학교 시험으로는 아이의 진짜 영어 실력을 판가름할 수 없다.

　　마지막으로 가담범이 있다. 측정 시스템이 각기 다른 중등, 고등 영어 점수 환산법이다. 실제로 아이들을 지도해본 경험에 따르면 중학교에서 90점 이상 받은 학생들이 고등학교에 진학해서는 '진짜' 영어 실력에 따라 1~4등급으로 흩어진다. 지역마다 미세한 차이는 있지만, 기사에 따르면 A등급을 상대평가로 환산하면 백분위 40%까지 A를 받는다고 한다. 이 40%를 고등학교 등급으로 환산하면 4등급이다. 중학교에서 같은 A등급을 받은 학생들이 고등학교에 진학해서는 1등급이 될 수도, 4등급이 될 수도 있다는 말이다. 즉, 중학교 시험 성적으로는 아이의 진짜 실력을 알 수 없다는 뜻이다. 변별력이 떨어지는 초등, 중등 시험 때문에 부모들은 아이가 영어를 잘한다는 착각에 빠지며, 앞으로도 아이가 쭉 같은 영어 성적을 유지할 거라는 착각을 계속한다. 고등학교에 진학한 후 아이의 내신 영어 성적과 1년에 네 번씩 보는 전국 단위 모의고사를 통해서 내 아이의 전국 석차를 받을 때쯤 비로소 정확한 위치를 알게 된다. 다시 말해 "중학교 때는 잘했는데 고등학교 가서 영어 성적이 확 떨어졌어요"라는 말은 곧 "영어를 원래 못했는데 못하는지 모르고 있다가 고등학교에 진학해서야 알게 됐어요"와 같은 말이다.

장기적 안목을 갖추자

위와 같이 각기 다른 측정 기준과 너무 쉬운 시험에 가려진 아이의 영어 실력이 사태의 심각성을 깨닫는 걸 방해한다. 그리고 쉬운 공부법에만 길든 아이들이 점점 난도가 높아지는 어려운 시험에 적응하지 못하는 상황은 부모가 예측하기 어려운 일이다. 그런데 문제는 이 사실을 아무도 모른다는 거다. 부모는 아이를 미리 키워 보는 게 아니기 때문에 모르고, 학원 원장님이나 선생님도 말해주지 못한다. 잘 모르기 때문이다. 초등학교 선생님은 초등학생만 가르치고, 중학교 선생님은 중학생만 가르친다. 실제 아이가 고등학생이 되거나 영어 성적이 크게 떨어지는 시점이 되어서야 부모가 알게 된다. 지금 이 아이의 진짜 영어 실력, 즉 고등학교에 진학해서도 잘할 수 있는지를 정확히 판단하는 일은 정말 중요하다.

이러한 시각은 초등, 중등, 고등 영어를 모두 가르쳐본, 그것도 한 아이의 초등부터 고등 과정을 쭉 지켜본 선생님들만이 가질 수 있다. 고등부 선생님들은 중등까지 잘했던 학생도 고등학교 2학년부터는 내신 등급이 하락하고, 고등학교 3학년이 되면 재수생들과 경쟁하며 무너지는 현상을 많이 봐왔기 때문에 알 수 있다. 이들의 관점에서 중등까지 영어를 잘했다고 아이가 영어를 잘한다고 자랑하는 부모들이 어리석어 보일 것이다.

그러므로 중등까지 영어를 잘한다고, 외국에서 살다 왔다고, 또는 현재 무슨 원서를 읽는다고 '영어 잘한다'고 말하는 것은 정말 의미 없다. 그것으로 영어 실력을 판단하기는 어렵다. 끝까지 가 봐야 알지, 현재로서는 입시 과정에서 너무 많은 변수가 있어 입시에서도 성공할지 예측하기 어렵다.

대한민국처럼 영어 교육의 갈래가 많은 곳에서 교육을 잘하는 일은 정말 어렵다. 하지만 영어 교육을 바라보는 장기적인 안목을 갖춘다면 내 아이에게 올바른 영어 공부법을 안내하는 데 큰 도움이 된다. 가 보지 않은 길은 두렵지만, 그 길을 가 본 사람들을 본보기 삼아 우리 아이에게 적용한다면 어렵지 않다. 아이 대신 공부를 해줄 순 없어도, 가야 할 길을 안내해주는 역할은 부모가 해야 한다. 입시는 평생의 몇 없는 기회다. 결과로 증명된 도움을 받자.

02

실용 영어와 입시 영어는 차이가 있다

영어 잘하는 아이들이 많다. 말도 유창한데 해석도 잘하고, 단어도 많이 알고, 시험도 잘 본다. 전략을 잘 짠 것이다. 이 아이들의 영어 실력이 좋은 비법이 뭘까?

이 아이들은 '가성비' 좋은 공부를 한다. 입시도 가성비가 좋아야 한다. 최소의 시간 투자로 최고의 실력을 만들어야 한다. 같은 결과라면 들인 시간이 짧을수록 좋고, 거기에 탄탄한 실력까지 갖추면 금상첨화다. 물론 이렇게 되기는 매우 어렵다. 간결함을 방해하는 요소가 많아서 그렇다. 첫 번째는 불안함이다. 부모는 누구나 불안하다. 불안하지 않기 위해서는 목표를 명확히 해야 한다. 목표를 알면 필요한 것과 뺄 것이 명확해져서 고민하지 않아도 돼 덜 불안하다. 목표가 없으면 이것저것 다 해야 할 것 같다. 그래서 다 해보다가 결과적으로 성적도 잘 나오지 않는데 시간만 들인 꼴이 된다.

두 번째로 방해하는 요소는 욕심이다. 이것도 하고 싶고, 저것도 하고 싶다. 이런 부모일수록 분주하다. 부모는 이것저것 알아보느라 바쁘고 아이는 이 공부 저 공부하느라 바쁘다.

세 번째 요소는 불분명한 목표다. 왜 이 공부를 하는지 분명하지 않으면 오락가락한다. 한마디로 무엇이 중요한지 모른 채 공부한다. 이 공부를 해서 무엇을 얻으려고 하는지, 다음 단계는 무엇인지 불명확하면 중간에 길을 잃는다. 끝까지 가는 힘이 없다.

네 번째 방해 요소는 목표만 아는 것으로는 부족하다는 점이다. 제대로 된 공부법을 알아야 한다. 그래야 잘 공부할 수 있다. 적재적소에 필요한 공부를 해야 한다. 늦었으면 보완해야 하고, 충분하면 더 중요한 데 집중해야 한다. 아이들의 학업 그래프는 각양각색이다. 내 아이에게 맞는 공부를 해야 한다.

불안, 욕심, 목표, 방법. 이 4가지를 잡아 과녁을 정조준해 한 방에 맞춰야 한다. 그게 입시다.

취사선택하자

4가지를 모두 정조준한 사례를 이야기해 보려고 한다. 내가 운영하던 학원 바로 옆에는 한의원이 있었다. 한의원 원장님은 개원 초부터 같은 빌딩에 입주한 이웃사촌이자 직장 동료 같은 분이다. 가끔 점심도 같이 먹고 침도 맞으러 간다. 거의 10년째 아이들 상담도 해드린다. 원장님의 자녀 다현, 도현은 학교에서 워낙 수재로 유명한 아이들이다. 둘은 나에게 영어를 5~6년씩 배우고 고등학교에 입학하고 대학에 갔다.

첫째인 다현이는 우직하고 성실한 타입으로 한 번도 숙제를 건너뛰는 법이 없었다. 둘째 도현이는 중학생 시절 내내 내신 시험에서 전 과목 만점을 받는 수재였다. 특히 문해력과 독해력이 월등히 뛰어났다. 다현, 도현 부모님과 가까운 곳에서 오랜 시간을 함께 지내다 보니 자녀 교육 이야기로 한두 시간씩 이야기하는 날이 많았다. 그러면서 이 아이들이 다른 아이들과 조금 다르게 자라왔다는 사실을 알게되었다.

도현이를 처음 만난 건 도현이가 초등학교 5학년 때였다. 5학년이라고는 믿기 힘들 정도로 마른 체구의 남자아이였다. 집이 코앞이지만 학원까지 걸어오느라 힘이 다 빠진 상태로 학원에 도착하면 땀범벅이 된 채 부모님이 싸준 초콜릿으로 만든 파이를 먹었다. 그렇게 하지 않으면 1시간 30분 동안 집중하기 힘든 체력을 가진 아이였다.

몸이 매우 허약한 탓에 사교육이라고는 5학년 때 우리 학원에서 시작한 영어 공부가 처음이었다. 대신 집에서는 독서와 한자 공부를 열심히 했다고 한다. 도현이는 비문학 독서광이었다. 《사피엔스》,

《코스모스》 같은 성인들도 쉽게 읽지 못하는 인문서, 자연과학서를 탐독하는 아이였다.

공부에 두각을 나타냈을 때는 중학교 입학 후다. 큰 노력을 들였다고 하기에는 너무 수월하게 전 과목을 잘했다. 영어 역시 뛰어난 독해력과 언어 습득력을 발휘하며 초등학교 5학년 때 영어를 시작한 아이라고 믿기지 않았다. 중학교 시절 내내 분당 내 중학교에서 전 과목을 만점에 가까운 점수를 받았다. 고등학교 입학 후부터는 따라잡을 수 없는 실력을 키워나갔다.

도현이를 가르치는 내내 원장님과 이야기를 많이 했다. 도현이의 부모님은 체력이 허약했던 '덕분에' 도현이에게 아주 필수로 필요한 공부만 선택해줘야 했다. 영어 유치원과 특수 커리큘럼에 특화된 유명한 학원에 간다는 건 꿈도 꾸지 못했다. 대신 '집중할 것'과 '하지 않아도 될 것'을 잘 나눴다. 약점을 강점화한 것이 성공의 비결이었다. 현재 도현이는 용인에 있는 자사고에 입학했고, 다현이는 서울 소재 기계공학과에 입학했다.

다현, 도현 부모님을 보며 3가지를 깨달았다. 대입이라는 목표를 가진 부모는 이 3가지를 알아야 한다.

- 전 과목을 바라본다.
- 영어의 본질과 과목으로서의 위치를 파악한다.
- 실력을 파악하고, 방향을 설정한 후에는 한 길로 꾸준히 간다.

입시는 영어만 공부하면 안 된다. 대학은 전 과목에 우수한 아이를 원한다. 영어 과목 하나만 잘하는 건 입시에서 무용지물이다. 중·고등학생 때 우수한 성적을 내는 아이들이 초등학생 때 영어에만 '올인'하지 않는 이유다.

우수한 '문과형' 고등학생들은 영어에 자신감이 있다. 이 아이들은 영어를 잡고 있지 않는다. 성적을 잘 받기 위해 전 과목에 힘쓴다. 영어 하나로 대학에 가는 시절은 끝났다.

수학, 과학에서 두각을 나타내는 '이과형' 아이들도 영어 공부에 일정 시간과 노력을 투자한다. 자신 있는 이과 과목뿐 아니라 취약한 과목을 보강하는 것도 중요하기 때문이다.

초등학생 때 영어에 올인하지 못했던 도현이가 고등학교에 가서 빛을 발하는 이유도 이와 같다. 전 과목을 두루 아우르는 '공부 내공'이 있었기 때문이다. 주요 교과목을 균형 있게 고루 잘해야 한다. 한 과목에 집중해 몰입하는 형태의 공부로는 입시에 성공할 수 없다.

언어가 아니라 과목으로 접근하자

영어 공부를 과목으로 접근해야 한다. '언어'로서의 영어와 '과목'으로서의 영어는 다르다. 두 영어는 다른 길을 가야 한다. 초등학교 1~2학년일 때 영어를 습득했다면 초등학교 5~6학년이 되면 학습해야 한다. 언어로 접근했다면 과목으로 받아들여야 한다. 영어를 노출

위주로 공부했다면 분석하고 암기하는 공부로 패턴을 바꿔야 한다. 유창성이 목표였다면 점수 획득을 목표로 해야 한다. 엄연히 언어로서의 영어와 과목으로서의 영어는 다르다. 언어로 계속 노출만 했는데 '왜 점수가 안 나오는지' 의아해하면 안 된다. 당연한 결과다.

실용 영어와 입시 영어는 차이가 있음을 인정해야 한다. 이것이 입시 영어에 성공하는 첫걸음이다. 수능 영어나 내신 영어의 목적은 콘텐츠가 없는 말을 유창한 발음과 톤으로 말하는 아이를 선발하는 일이 아니다. 수능 국어나 고등 국어 내신에서 우리말을 유창하게 하는 아이를 1등급이라고 평가하지 않는다. 책을 많이 읽은 아이가 반드시 국어 성적을 잘 받지 않는 것과 같은 이치다.

입시에서 가장 중요한 영어 실력은 유창한 회화 실력보다 독해와 추론 능력이다. 대학 수준의 글을 읽고 올바르게 추론해서 이해하는 것이 가장 중요하다. 물론 다 갖추면 제일 좋다. 다 갖출 수 없다면 쓸 것은 쓰고 버릴 것은 버려야 한다.

집요하게 꾸준히 달려야 한다. 초등학생 때는 공부의 밑천을 쌓는 시기다. 고등학생 때는 공부의 정수, 고갱이를 단단하게 만드는 시기다. 많은 부모가 초등학생 시절 학습 열의를 불태우다가 중등, 고등으로 갈수록 포기한다. 고등학교까지 이어지는 장거리 달리기를 단거리 달리기 속도로 달리니 힘들 수밖에 없다.

같은 속도로 달려야 한다. 초등학생 때는 아무래도 손이 많이 간다. 그래도 막 출발했기 때문에 에너지가 가득 차 있다. 열심히 챙기다가 아이가 중학생이 되면 가장 어려운 코스를 맞닥뜨린다. 말도 안 듣고 사춘기까지 온다. 게다가 학원에 보내니 한결 마음이 편하다. 임무가 끝난 것 같다. 그 이후는 아이가 하기 나름이라고 생각하고 관리를 소홀히 한다.

많은 부모가 여기서 실수한다. 학원은 학원일 뿐 아이의 진짜 실력을 꾸준히 파악하고 점검해야 한다. 내가 선택한 전략이 맞는지, 전략이 틀려서 아이가 성적이 안 나오는 건지, 원인을 찾고 방법을 개선해 나가야 한다.

운영하는 유튜브에 자주 이런 질문이 올라온다.

"선생님, 학원을 6개월 다녔는데 아이가 실력이 안 오르는 것 같아요."

"AR 테스트(미국 르네상스사에서 개발한 영어 읽기 레벨 지수)를 해봤더니 지수가 안 올랐어요."

여러 원인이 있겠지만 레벨 테스트를 너무 자주 보거나 굳게 믿으면 안 된다. 심리전에서 흔들리기 십상이다. 영어를 공부하는 일은 생각보다 장기전이다. 실력은 그렇게 빠르게 오르지 않는다. 일정 기간을 두고 실력을 측정해야 유의미한 결과가 나온다. 이런 결과만이 전략을 바꿀지, 계속 가도 좋을지 판단할 수 있다. 계속 측정해봤자 결과는 뻔하며 부모는 실망하고 아이는 지친다.

일정 시간 같은 공부 방법을 꾸준히 하는 게 중요하다. 아이들은 어른이 생각하는 것보다 일정 수준의 정보를 습득하는 데 비교적 긴 시간이 걸린다. 모국어가 아니기에 익숙해지는 데 생각보다 오랜 기간을 계획해야 한다. 우수한 전략과 무기를 갖췄다 해도 가장 중요한 것은 아이가 입시라는 전장에 나갈 수 있는 준비 시간을 기다려줘야 한다는 점이다. 그러니 인내하자. 그래야 꾸준히 갈 수 있다.

국어는
기본이다

본립도생本立道生, 근본이 서면 도는 저절로 생겨난다는 뜻이다. 이를 공부에 대입하면 근본이 바로 서야 전 과목이 수월해진다는 의미다. 근본은 국어다. 우리말 학습이 바로 서야 다른 과목이 바로 선다. 국어를 잘해야 영어도 빛이 난다. 모든 과목을 다 못하고 영어만 잘해봤자 대입은커녕 고등학교에서조차 버틸 수 없다.

영어 한 과목만 바라보지 말고 큰 그림을 보는 마음으로 과목 간 연계성과 선행해야 할 순서도 알아둬야 한다. 초등학생 때부터 국어 공부에 힘써야 하는 이유다.

선행, 익숙한 단어다. '진도를 앞서서 나가냐' 또는 '현 진도에 맞춰

나가냐'에 따라 '선행이냐 현행이냐'로 갈린다. 하지만 이는 한 과목 안에서 진도만 놓고 말하는 거다. 대부분 진도를 많이 신경 쓰는 반면, 좀처럼 과목 간 학습 순서에 대해서는 잘 생각하지 않는다. 과목 간 선행도 고려해야 한다. 영어보다 국어가 먼저다. 국어 과목을 영어보다 먼저 학습해야 하는 이유를 알아보자.

국어가 먼저다

저학년 부모들은 영어가 과목 중에 가장 중요하다고 생각하는 경향이 있다. 그러나 중심에 영어가 있다고 생각하면 오산이다. 학년이 올라갈수록 영어는 후 순위다. 특히 현재 입시 제도에서는 더욱 그렇다. 입시를 넘어서 더 큰 목표로 잡고 공부하지만, 입시도 못 뚫게 되어버리는 꼴이 허다해 안타깝다.

초등학생 시기에는 국어를 중심으로 논리력과 사고력을 훈련해야 한다. 초등학교 5학년부터 공부가 엄청 어려워진다. 대학 입시와 본격적으로 연결되는 공부를 하는 때다. 이때 보통 아이들이 어떤 공부를 하는지 살펴보자.

영어는 경제적 여력이 된다면 영어 유치원을 졸업하고, 초등학교 1학년에서 초등학교 3~4학년까지 주로 대형 어학원을 다닌다. 초등학교 5~6학년부터 입시 위주 어학원에 다니기 시작한다. 이때 조금 부족하다고 느껴지면 과외를 추가하기도 한다.

수학은 어떨까? 창의력 수학, 사고력 수학, 서술형 수학 같이 과목 하나에 붙인 이름이 여러 가지다. 이게 보통 '공부 좀 한다'는 아이들의 모습이다. 자녀가 초등학생일 때 사교육에 대한 의욕도 가장 많다. 너도나도 선행 학습을 하니 마치 선행 학습을 하지 않으면 뒤처지고 있다는 기분이 들기 때문이다. 여기서 잠깐 2023년 수능 만점자(1등급) 비율을 살펴보자.

최근 3년 국영수 만점자 및 1등급 수 비교

	2021년 수능	2022년 수능	2023년 수능
국어(만점자 수)	151명	28명	371명(1등급: 19,858명)
수학(만점자 수)	2,398명	2,702명	934명(1등급: 22,571명)
영어(1등급 수)	53,530명	7,830명	34,830명

(출처: 한국교육과정평가원)

국어, 영어, 수학 1등급 학생 수를 비교해보자. 1등급 학생 수가 적은 것은 국어, 수학, 영어 순이다. 영어는 절대평가라서 90점만 받으면 1등급이다. 반면 국어는 난이도에 따라서 점수가 환산되기 때문에 변수가 많다. 영어보다 공부할 범위와 난이도도 훨씬 방대하고 어렵다. 상위권 분포도를 비교해보면 국어 영역은 중위권에 많은 학생 수가 밀집되지만, 영어는 국어, 수학에 견줘 상대적으로 1~4등급에 많은 수가 밀집되어 있다.

만점자를 비교해보면 비교가 명확해진다. 2023학년도 수능 영어 만점자는 3만 4,830명이다. 수학 만점자는 934명이었다. 국어는 수학의 3분의 1에 해당하는 371명이었다. 2022년도 마찬가지다. 영어, 수학보다 국어 만점자가 월등히 적다.

영역별 수능 만점자 수 비교로만 이런 생각을 한 건 아니다. 떨어지는 언어 능력이 모든 교과 성적에 크게 영향을 미치는 걸 오랫동안 경험했다. 초등학교 5~6학년 이상의 학생들을 가르치는 선생님이라면 모두 공감할 것이다. 영어를 가르치면서 내가 느낀 국어의 중요성은 다음과 같다.

우리말 능력, 국어 능력, 문해력, 학습 능력 등 조금씩 차이는 있지만 학습의 기초가 되는 면에서는 같은 말이다. 국어 능력이 좋은 아이들은 책, 글을 독파하는 내공이 있다. 글을 잘 읽는다. 글의 모양부터 종류, 길이, 흐름을 모두 꿰뚫는다. 그뿐이 아니다. 문제의 의도나 요구하는 정보를 수월하게 찾는 탁월한 눈이 있다. 마치 특수 안경을 끼고 글을 읽는 아이들 같다.

반대로 국어 능력이 떨어지는 아이는 공부의 빈익빈을 경험한다. 우리말 능력이 따라 주지 않으니 읽기가 힘들다. 읽기 힘드니 재미도 없다. 그래서 공부를 잘 안 한다. 공부를 많이 안 해 계속 못하게 되는 악순환을 경험한다. 어휘도 부족하고 배경 지식도 없어 읽어도 잘 이해가 안 된다. 그 사이 학년은 올라가고 배우는 내용은 점점 어려워진다.

영어가 기대치보다 더디게 늘면 영어 과외를 하거나, 보조 학원에 다니는 방법을 택하는 부모들이 의외로 많다. 추천하지 않는 방법이다. 대신 영어보다 국어에 힘쓰기를 권한다. 장기적으로 영어도 함께 느는 비결이다.

국어 능력과 영어 성적은 어떤 관계가 있을까? 국어 능력이 좋은 아이는 보통 영어 성적도 상위권에 속한다. 아이들을 오랫동안 보면서 공부를 잘하는 그룹과 공부를 못하는 그룹이 왜 차이가 나는지 꾸준히 지켜봤고, 국어 능력에서 차이가 나는 걸 알게 됐다. 물론 학습 태도, 학습 습관, 지구력, 끈기, 성실성, 타고난 언어 감각 등과 같은 차이점도 있다. 하지만 이 점들은 국어 능력의 상중하에 따라 정해진다.

고등학교 입학 전까지는 아이들의 성적을 딱히 상중하로 나누기가 어렵다. 공인된 시험 성적이 따로 없어 그렇다. 따라서 부모들도 자녀의 영어 실력을 정확히 모른다. 하지만 가르쳐보면 알 수 있다. 소위 책장 넘기는 것만 봐도 현재 실력뿐 아니라 향상 가능성까지 어느 정도 잠재력을 측정할 수 있다.

무엇을 보고 알 수 있을까? 지문을 대하는 태도를 보면 된다. 상위권, 중위권, 하위권은 모두 뚜렷한 특징이 있다. 상위권 학생에게 해석하라고 하면 빠르고 정확한 읽기는 기본이고, 글의 흐름까지 꿰뚫는다. 보통 초등학교 5~6학년부터 비문학 지문을 대하기 시작하는데 이때부터는 우리말로 해석을 뱉어내보면 어색하고 불편한 해석이 되고 만다.

하지만 상위권 학생들은 일차적 해석이 아닌 글의 흐름을 이해해 논지를 정확히 잡아낸다. 더불어 문제를 풀 때도 지문의 어느 위치로 가면 그 정보가 있는지 잘 기억한다. 또한 지문의 어떤 정보를 근거로 '이런 추론이 가능하다'라는 논리적인 해석을 할 수 있다. 고배점 문항까지 모두 맞출 수밖에 없다. 마치 우리말로 글을 읽는 것과 같은 논리적인 해석을 하기 때문이다.

상위권 학생이 일차 해석을 끝낸 후 글의 흐름을 엮는 이차 해석까지 한다면, 중위권 학생은 일차 해석까지만 한다. 문장의 구조를 볼 줄 아는 눈에, 어휘의 뜻만 알고 있으면 할 수 있는 일이다. 일차 해석까지만 해도 훌륭한 거 아닐까?

그렇지 않다. 딱 일차적인 문제들만 풀 수 있다. 일차적인 내용만 묻는 문항으로는 중심 문장, 중심 내용 찾기, 글의 목적 찾기 등이 있다. 이차적인 내용을 요구하는 문항은 글의 의도 유추하기, 이 단어가 뜻하는 바 찾기와 같이 이차적으로 가공하는 해석, 즉 논리적 사고를 해야 풀 수 있다. 주로 고배점 문항이 그렇다. 이런 문항이 풀리지 않으니 자꾸 지문으로 돌아가고, 지문과 문제 사이를 오가면서 해석하는 속도가 느려진다. 많은 아이가 중위권에 머무는 이유다.

하위권 학생들은 문장의 구조도 눈에 잘 들어오지 않으며 모르는 어휘도 많아서 일차 해석도 어려워한다. 무슨 글인지 감도 잡기 어렵다. 그렇다 보니 속도도 나지 않고 더더욱 정보를 찾거나 문제를 풀기가 어려워진다.

학년이 올라 갈수록 성적을 가르는 것은 영어 실력보다 국어 능력이다. 영어 공부를 아주 늦게 시작했는 데도 고등학생 때 상위권에 진입하는 아이들이 생각보다 많은 것도 국어 실력 때문이다. 오랫동안 아이들을 지도하면서 이런 학생들을 많이 봤다. 국어 능력은 좋지만 사정상 본격적인 영어 학습을 늦게 시작한 것이다. 이런 학생들을 놓고 강사들끼리 우스갯소리로 "국어력 좋은 아이들은 어휘만 두들기면 된다"라는 말을 한다. 영어 단어 뜻만 알면 우리말 실력이 워낙 좋아 해석하기와 문장 구조 파악, 추론이 모두 되기에 영어 단어만 암기하면 게임 끝이라는 뜻이다.

그렇다면 이런 아이들은 어떻게 국어 능력이 좋아진 걸까? 단순히 우리말 책을 다독만 한 것은 아니다. 국어 능력이 좋은 아이들은 영어든 우리말이든 글을 분석적으로 파악한다. 이런 과정을 통해 아이들은 우리말 능력을 키우며 공부를 독파하는 힘이 생긴다. 영어도 이렇게 공부해야 한다.

국어 성적을 알면 왜 영어 성적을 예측할 수 있을까

몇 번만 수업해보면 '아, 이 아이는 2등급까지 성적을 향상할 수 있겠지만 1등급은 어렵겠구나', '이 친구는 잘해봤자 3등급을 넘지 못하겠구나' 대략 감이 온다. 어째서 이런 예측을 할 수 있을까?

약 10여 년 전 일이다. 한참 광우병이 사회 이슈여서 광우병을 다루는 지문을 공부할 때였다. 한 학생에게 해석해보라고 하니 'mad cow disease'를 '미친 소 병'이라고 말했다. 틀린 말은 아니다. 'mad'

는 미친, 정신이 나간, 'cow'는 소, 'disease'는 질병이란 뜻이니 말이다. 그렇지만 국어 능력이 좋은 아이들은 단번에 광우병에 관한 지문이라는 걸 감을 잡을뿐더러, 이미 글의 내용을 예측하고 해석을 시작한다.

이렇듯 국어 능력과 어휘력, 배경 지식의 차이가 글을 대하는 기본 소양과 태도의 차이를 만든다. 마치 100미터 달리기에서 출발점이 다른 것과 같다. 국어 능력이 좋은 학생들은 먼저 앞서서 미리 달리는 셈이다.

국어 점수는 좋은데 영어 점수가 안 좋을 수는 있다. 성실하지 않아서 어휘를 암기하지 않았거나 영어 자체에 흥미를 못 느껴 영어 학습을 늦게 했을 수 있다. 하지만 반대로 영어 성적은 좋은데 국어 성적이 나쁜 아이들은 거의 보지 못했다. 국어 실력을 바탕으로 논리력이 있고 그만큼 학습할 정도의 태도와 성실함이 있다면 영어 실력도 좋기 마련이다.

경험상 국어 실력과 영어 실력의 상관 관계는 매우 깊다. 그런데 이 점을 초등생 부모들은 아직 못 느낄 수도 있다. 최소 중학교 2~3학년이 돼야 지문도 어려워지고 글을 대하는 차이가 벌어지기 때문이다. 이를 미리 알고 초등학생 때 대비하기를 권한다. 그래서 이때는 여러 종류의 영어 학습을 하는 것보다 핵심을 공략하는 공부를 하는 것이 좋다. 책을 읽더라도 문해력을 키워주는 독서를 해 국어 능력을 키워야 한다.

책만 많이 보면 국어를 잘할까? 그렇지 않다. 독서와 국어 공부는 다르다. 다만 독서를 많이 한 아이가 학습 동기가 강해 공부를 시작하면 상위권으로 수월하게 들어간다. 학습하기 좋은 바탕이 잘 가꿔졌기 때문이다. 바탕이 저력이 되어 학습 성과를 내는 원리다. 그러므로 독서를 꾸준히 하되 공부해야 한다. 다독했다고 국어 잘하고, 원서 많이 봤다고 영어 점수가 높으리란 법이 없으니 말이다.

원서 읽기에 대한
로망을 버려라

운영하는 유튜브에 한 구독자가 이런 질문을 했다. "선생님, 《Harry Potter》 못 읽는 우리 아이도 수능 영어 만점 나올 수 있겠죠?" 직접 만나서 하나부터 열까지 다 알려드리고 싶었다. 그 정도로 안타까웠다. 원서 못 읽는다고 수능 못 보지 않는다.

대입을 지도하다 보면 여러 성공과 실패 사례를 경험한다. 원서 읽기가 기초에 발판이 되는 것은 맞지만, 원서 읽기의 유무와 영어 학습의 승패와는 인과관계를 딱히 찾을 수 없다.

'고등학교에 진학해서 영어 점수가 하락하지 않는 아이들의 특징'을 꼽는다면 성실성, 논리성, 사고력, 문해력 등이다. 그중에도 원서 읽기의 유창성은 들어가지 않는다. 상관관계는 분명 있다. 하지만 반드시 원서를 잘 읽는다고 해서 국내 입시에서 승자가 된다는 연결고리는 찾지 못했다.

입시 영어의 첫걸음

앞서 아이가 영어 입시에서 성공하기 위해 필요한 3가지를 이야기했다. 내 아이의 진짜 실력을 파악하고 장기적 안목을 가질 것, 실용 영어와 입시 영어는 차이점이 있다는 것을 인정하고 '집중할 것'과 '하지 않아도 될 것' 구분하기, 국어 공부가 바탕이 되는 영어 공부하기다.

이 3가지보다 더 중요한 것이 있다. 실용 영어에서 입시 영어로 언제, 어떤 비중으로 전환할 것인지 기준을 정하는 일이다. 기준이 명확하면 좋은 점은 다음과 같다.

부모가 불안하지 않다. 아이가 고생을 덜하고 고등학교에 가서도 무너지지 않는다. 기준이 명확할 때 아이의 영어 성적은 풍성한 열매를 맺는다. 기준을 명확하게 알면 계속 원서만 읽힌다거나, 뭘 공부해야 할지 몰라 우왕좌왕할 일도 없다. 먼저 아이의 현재 학년과 영어 실력을 정확히 알아야 한다. 고학년인데 실용 영어에 미련을 두고 계속 실용 영어만 하지 말자. 반대로 입시를 생각하며 급한 마음에 서둘러 입시 영어를 시작해서도 안 된다.

예를 들어 초등학교 5학년 아이가 《Nate the Great》를 읽는다고 치자. 《Nate the Great》는 리더스북에서 챕터북으로 넘어갈 때 처음 읽는 챕터북 중 가장 단계가 낮은 책이다. 어떤 느낌일까? 이건 마치 5학년 아이가 영유아 책인 《해님, 안녕 달님, 안녕》과 같은 책을 읽는 느낌일 거다. 인지 수준이 맞지 않으니 재미가 없다. 재미가 없으니 아이는 엄마에게 읽기 싫다고 한다.

그림책 → 리더스북(초급 읽기책) → 챕터북(중고급 읽기책)

이럴 때 부모는 2가지를 생각한다. '그래도 책 읽기가 영어의 기초니까 기초를 계속하는 게 낫겠지. 기초가 돼야 입시 영어를 할 테니까 말이야.' '그래도 언젠가 계속 읽히면 단계가 올라가겠지. 《Harry Potter》까지는 안 되더라도 그 아래 단계까지는 꼭 읽히고 싶다.'

완전히 틀린 생각은 아니지만 아이들의 시간이 정해져 있다는 전제를 잊은 생각이다. 시간은 한정적이다. 때를 놓쳤으면 다른 방법도 많으니 미련을 버리고 지금 시기에 더 효율적인 방법을 찾아야 한다.

스킬북이란 '학습서'를 말한다. 읽기, 듣기, 문법, 쓰기, 어휘 등 영역별로 다양한 학습서가 있다. 홈스쿨링을 하면서 스킬북을 잘 몰라 계속 원서로만 공부를 지도하는 사람이 많은데, 원서 읽기로 입시 성적을 보장할 수 없다. 스킬북을 꼭 찾아보고 활용하는 방법을 추천한다.

경험상 아이들은 현 학년과 영어 레벨이 약 1년에서 1.5년 이상 차이가 나면 책 읽기로만 영어 학습을 이끌어 나가는 데 무리가 있다. 언어 능력이 아이의 인지 수준을 받쳐 주지 못해서 그렇다. 이 현상은 저학년에서는 덜 심하다. 아이의 인지 수준이나 영어 실력이 보통 비슷하거나 1년 이상 차이 나지 않기 때문이다. 하지만 아이가 중·고등학년이 되면서 인지 수준과 함께 영어 실력이 같이 성장하지 않으면 격차는 더욱 벌어진다. 아이가 초등 3~6학년 사이라면 원서에서 스킬북으로의 전환 비중과 시점을 잘 잡아야 하는 이유다.

원서와 스킬북 비중을 정하는 기준은 2가지다. 앞서 질문한 구독자와 같은 안타까운 상황을 많이 보다 보니 '가이드 라인이 있으면 부모님들에게 도움이 될 것 같다'는 생각에 아이들이 많이 읽는 책을 내 경험에 대입해보았다.

원서와 스킬북 비중 정하는 기준 1
현 학년과 영어 능력이 1~1.5년 이상 차이 나는 경우

초등 4~5학년이 《Nate the Great》, 《Bad Guys》, AR* 2점대 리더스북 수준을 어려워하거나, 초등 5~6학년이 《Magic Tree House》 《A to Z mysteries》, 《Horrible Harry》와 같은 시리즈, AR 3점대 리더스북과 챕터북 수준의 원서를 힘들어한다면 아이의 인지 수준을 영어 실력이 받쳐 주지 못하는 상황이다. 이럴 경우 원서 읽기에 대한 로망을 버리자. 대신 스킬북 비중을 높여 스킬북으로 기초 학습을 해 실력을 끌어올린다. 그래야 중학교, 고등학교에 진학해서 무너지지 않는다.

*AR 점수는 미국 학교의 학년 수준이라고 생각하면 된다. 예를 들면 AR 2점대는 미국 학교 2학년에 준하는 영어 독해 수준을 갖추었다는 것을 의미한다.

원서와 스킬북 비중 정하는 기준 2
현 학년과 영어 능력이 1~1.5년 이상 차이 나지 않는 경우

초등 3학년이 《Diary of WimpyKid》, 《Number the Stars》, 《Holes》와 같은 소설책을 읽거나, 4~5학년이 《Percy Jackson》, 《Warriors》, 《Haryy Potter》, 《Roald Dahl》과 같은 시리즈 등 복잡한 줄거리의 판타지물을 읽는 단계라면 원서 읽기 본연의 즐거움을 아는 단계다.

따라서 초등학교 5~6학년까지는 원서와 스킬북 비중을 4 대 6 정도로 해도 된다. 인지 수준과 언어 능력이 비슷한 단계라면 초등학교 5~6학년까지 아직 시간이 있으므로 원서 비중을 적당히 가져가도 된다.

학년을 기준으로 잡아보자

'학년'으로 기준을 잡는다. 영어 레벨보다 현재 학년에 맞춘 공부를 해야 한다. 따라서 현재 아이의 학년을 고려해 원서와 스킬북의 비중을 정하는 게 현실에 맞춘 로드맵을 짜는 방법이다. 다음과 같이 4가지 경우를 보고 현재 우리 아이의 상황을 진단해보자.

원서 읽기와 스킬북 비중 잡기 기준

유형	현 상황	진단
1	읽기 레벨이 높은 초등학교 5학년	– 원서와 스킬북 읽기 비중 4 : 6 – 스킬북을 통한 학습 습관 기르기를 목표로 원서와 스킬북 학습 비중 유지하기
2	읽기 레벨이 낮은 초등학교 4~5학년인데 원서 읽기를 싫어하는 경우	– 원서와 스킬북 읽기 비중 2 : 8 또는 3 : 7 – 과감하게 원서 읽기에 대한 로망을 줄이고 스킬북으로 보충하여 입시 영어에 목표를 두고 기준 세우기
3	초등학교 3학년인데 리더스북 단계인 경우	– 초등 4학년 1학기까지는 원서와 스킬북 읽기 비중 5 : 5 – 초등 4학년 2학기부터 점차 4 : 6으로 전환
4	초등학교 1~2학년	– 리더스북과 스킬북 읽기 비중 8 : 2 – 성향별, 투자 가능 시간 고려하기 – 아직 영어 실력이 안 된다면 스킬북을 하지 않고 리더스북을 읽기만 해도 괜찮음

이제 부모는 현재 우리 아이가 무슨 원서를 읽는지 확인해봐야 한다. 내용은 몰라도 대강 글을 보면 알 수 있지 않은가. 영어 레벨이 오르지 않아 걱정된다면 반드시 진단하고 기준을 다시 세우자. 그게 입시 영어 성공으로 가기 위한 첫걸음이다.

05

고등학교 입학 후
영어 성적이 떨어지는 이유

소위 말하는 '영포자'(영어를 포기한 자)가 속출하는 두 구간이 있다. 중학교 1학년과 고등학교 1학년이다. 중학교 1학년은 보통 초등학생 때 전혀 선행 학습을 하지 않다가 문법과 어휘 때문에 다른 학생들과 현격한 성적 차이를 보이며 포기하게 된다. 하지만 중학생 때 학습 격차는 기초 학습 능력의 성장에 따라 얼마든지 뒤집을 수 있는 시기다. 조금 뒤처졌다 하더라도 못 메꿀 수준의 난이도는 아니다.

하지만 고등학교 과정부터는 범위, 난이도, 학습량이 중학교 때와 크게 차이가 나기 때문에 공부하기로 마음을 굳게 먹어도 잘되지 않으므로 영어를 포기하는 경우가 많다. 고등학교에 가서 성적이 급격히 떨어지는 이유를 살펴보자.

부족한 학습량

우선 많은 학습량을 소화하지 못하기 때문에 성적이 떨어진다. 고등학교 1학년이 되면 학생들이 가장 당황스러워하는 게 뭘까? 바로 중학교 때와 확연히 차이가 나는 시험 범위와 난이도다.

고등학생이 되면 아이들이 가장 처음 하는 말이 있다.

"선생님 차원이 달라요."

맞다. 난이도는 당연히 학년이 진급했으니 그렇다 치더라도 공부해야 할 양이 어마어마하다. 초등학교에서 중학교, 중학교에서 고등학교로 갈수록 영어는 많이 어려워지고 학습량이 많아진다.

중간, 기말고사 범위가 작게는 수능 형태의 지문 60개에서 많게는 80개가 된다. 교과서와 외부 지문, 모의고사가 낀 달에는 더 많은 지문을 봐야 한다. 기초 실력이 안 된다면 지문 분석과 서술형 대비는 커녕 지문에 출제되는 단어만 외우다가 시험날이 되는 경우도 허다하다.

아무리 열심히 공부를 한다 해도 고등학생이 되기 전에 충분한 학습량이 뒷받침되지 않는다면 고등학생 내내 곤경에 빠질 것이다. 보통 아이들은 이 지점에서 고민한다. '내가 내신은 이미 그른 거 같으니, 그럼 정시를 노려서 수능 대비만 열심히 해볼까?' 내신이 어려운

데 수능 대비라고 쉬울 리 만무하다.

요즘에는 대부분의 고등학교가 EBS 부교재나 수능 대비 문제집에서 내신 문제의 절반 이상을 낸다. 즉, 내신 기간에도 수능형 지문을 본다. 뚜렷한 입시 전략보다 필요한 것은 내신 영어든 수능 영어든 두루두루 다룰 수 있는 기본 학습량이다.

중학교 내신만 집중했을 경우

중학생 때 중등 내신에만 집중해 고등 영어를 대비하지 못한 경우다. 고등 실력을 결정짓는 시기는 언제일까? 경험상 중학교 2학년에서 3학년 때다. 이 기간을 고등학생 때 영어 실력을 대비하는 기간으로 최대한 활용해야 한다. 이 시기에는 내신 준비 기간을 약 3주에서 길게는 한 달까지 잡는 게 바람직하다. 1년 중 4번 내신 시험이 있다는 가정하에 약 8개월이란 기간을 고급 대비 독해, 문법, 어휘 학습에 투자해야 한다.

마음이 급한 부모일수록 '선행'이라는 말에 혹하기 쉽다. 학원에서 만든 '선행'이라는 상품에 아이를 맡기면 초등학생 때 부족했던 부분이 금방 메워질 것 같은 마음이 든다. 하지만 늦었을수록 기초부터 단단하게 잡아가는 게 가장 빠른 길이라는 걸 모르는 게 함정이다.

초등학생 때 교과서 학습을 어려워하는 학생이 거의 없듯이 중학생까지도 비슷하다. 웬만한 중위권 이상이라면 교과서 지문 이해는 물론 중등 문법 내용도 무리 없이 이해한다. 부모는 전문가가 아니라 모를 수 있다. 강사도 마찬가지인데, 대부분 중등 강사는 중등 학생들만 가르치고, 고등 강사는 고등학생들만 가르친다. 중등 강사라도 보통 고등학교 1학년 과정까지 가르치고 고등학교에 보내므로 초·중·고 학습 과정을 꿰뚫어 보는 통찰이 있는 강사가 아니라면 중등에서 고등 과정의 학습 대비에 대한 필요성을 깊게 느끼지 못할 수도 있다. 이를 간과하지 말고 중학생 때는 고등학교 수업을 대비하는 것이 좋다.

선행에 가려진 부족한 심화 학습

심화 학습이 부족하기 때문에 성적이 하락한다. 중학교 때 학원을 보낼 때는 학원이 고등 대비 심화 학습을 시키는지 잘 살펴봐야 한다.

영어는 수학과 달리 수능까지 봐야 할 진도나 범위상 스펙트럼이 그렇게 넓지 않다. 심화 과정을 제대로 밟는다면 과한 선행이 필요한 과목이 아니다.

하지만 이를 모르는 부모들은 아이가 중등 문법을 중학교 졸업 전 몇 번을 보는지 반복 횟수를 고등 대비의 척도로 삼는데 이게 큰 문제를 일으킨다. 아주 특출난 학습 능력과 습관이 잡힌 경우가 아니라면 대부분 독해, 문법, 어휘 이 삼박자를 깊숙이 학습하는 데는 생각보다 많은 시간이 걸린다. 학부모 컨설팅을 할 때 가장 답답한 부분이 이를 모르는 부모를 만났을 경우다.

심화 학습을 위해 초등학교 5~6학년부터 아이들이 얼마나 많은 시간과 공을 들이는 줄도 모르고, 고등학교 입학 전까지 문법을 몇 회독해달라는 부모는 입시에 대한 총체적 이해가 부족한 걸로 볼 수밖에 없다.

혼자 공부하는 방법을 모르는 경우

중등까지 일정량의 심화 학습을 한번 하고 나면, 고등 이상부터는 영어 공부를 혼자 할 수 있는 수준이 반드시 되어야 한다.

어떤 상위권 학생도 고등학교 2학년부터는 영어 학원에 다닌다는 소리를 못 들어봤을 거다. 맞는 말이다. 고등학교 1학년이야 처음 고등학교에 진학해 고등학교 내신 스타일에 적응하기 위해 다닌다 쳐도, 어느 정도 심화 학습이 되면 고등학교 2학년부터는 내신이건 수능이건 혼자 공부할 수 있다. 그 정도 수준이 돼야만 다른 과목도 성적을 유지할 수 있다.

고등학교에 올라오면 내신 대비와 수행 준비로 심화 학습을 할 시간이 절대적으로 부족하다. 고등학생 스케줄을 살펴보면, 3월 첫 주부터 내신 대비를 시작해 어린이날 정도 되면 중간고사를 마친다. 평범한 학생의 경우 대략 석가탄신일까지 열흘간의 휴식을 가지며 5월 중순부터 다시 기말고사 대비에 들어간다. 2학기도 마찬가지다. 1년에 두 번의 방학을 제외하고서는 수능 영어를 대비할 시간이 학기 중에는 딱히 없다고 봐야 한다.

그렇다면 수능 영어 대비는 틈틈이 감을 잃지를 않을 정도로 모의고사와 킬러 문항(고난도 문제) 대비 문제집을 꾸준히 풀 수밖에 없다. 즉, 혼자 학습 관리를 하며 내신과 수능을 준비하는 경지에 이르러야 한다.

중학교까지 심화 학습이 안 되어 있으면 혼자 학습하기가 어렵다. 중등 과정을 다시 들춰봐야 한다거나, 구문 분석을 통한 지문에 대한 이해도가 낮아서 다시 중등 수준의 기회 어휘나 문법 내용을 공부해야 하기 때문이다. 이러면 당연히 고등학생 때 성적은 오르지 않는다.

중학교 내신 점수로 내 아이의 실력을 잘못 판단하는 경우

고등 입학 전까지 아이의 진짜 실력을 모른다. 이는 부모가 가장 많이 하는 실수다. 중등 내신 점수로 아이의 실력을 판단하기 때문에 그렇다.

예를 들어 5세 때부터 영어 학습을 시작한 상원이는 중학교 2학년 때 고등학교 2학년 모의고사 문제를 수월하게 푸는 실력이 있다. 상원이와 같은 학교 친구 동원이는 기초 학습 능력이 매우 좋은 아이였다. 영어 거부감이 심해서 다소 늦은 초등학교 6학년부터 본격적으로 영어 학습을 시작했다. 둘은 당연히 영어 실력 차이가 크게 난다. 중학교 3학년이 될 때까지도 동원이는 고등학교 1학년 모의고사를 간신히 푸는 실력이었으니 말이다.

하지만 둘의 중간고사 점수는 상원이가 94점, 동원이가 97점이다. 그렇다면 동원이가 상원이보다 영어 실력이 좋은 걸까? 그렇지 않다. 물론 70점대와 90점대의 실력의 차이는 매우 크다. 하지만 85점 이상 실력에서의 점수 차이는 중학교에서는 아무런 의미가 없다고 봐야 한다.

기본적인 이해력과 중간 정도 이상의 성실성, 딱 이 2가지만 있으면 중등 내신 문제를 고등 수준으로 출제하는 일부 학군지를 제외하고서는 중등 내신에서 고득점을 받는 일은 어렵지 않다. 고난도 지문을 볼 수 있는 독해력과 기본적으로 알고 있는 어휘력이 크게 필요하지 않기 때문이다.

무엇보다 내신 범위가 정해져 있고 학생들은 그 시험을 위해 열심히 암기하고 보기 때문에 진짜 영어 실력을 판가름하는 척도가 될 수 없다. 중등 내신의 특성을 이미 잘 알고 있었던 상원이 어머님은 상원이가 94점을 받았어도 큰 실망을 하지 않았다.

2장

입시에
강해지는 영어 공부

영어 공부는 크게 4가지 영역이 있다. 읽기, 쓰기, 말하기, 듣기다. 2장에서는 각 영역에 맞게 어떻게 공부해야 하는지 소개하려고 한다. 왜 읽기 공부와 듣기 공부가 중요한지, 문법을 공부해야 하는 이유, 왜 쓰기 공부를 하면 좋은지, 어휘 공부를 초등학교 1~2학년일 때 하면 좋은 이유 등 현장에서 가르치고 익힌 '결과로 증명된 공부법'을 안내한다.

01

읽기는
왜 중요할까?

읽지 못하는 아이는 없다. 잘하지 못해도 누구나 읽을 수 있다. 그래서 읽기에 더욱 힘을 써야 한다. 우리말을 읽듯 영어도 읽어보는 것이다. 이렇게 권하는 이유는 읽기가 다른 영역에 비해 쓸모가 많기 때문이다.

읽기, 듣기, 쓰기, 말하기 중 어느 하나 중요하지 않은 영역은 없다. 영어를 잘하는 아이들의 비법은 한 가지다. 많이, 그것도 아주 열심히 한다. 하지만 영어가 늦은 아이들은 저마다 다른 이유가 있다. 영어가 싫어서 안 했거나 부모가 몰라서 못해줬거나, 사춘기가 와서 손을 놓았거나 다양하다. 그래도 이거 하나만은 꼭 건져야 하는 게 있다면 바로 '읽기'다. 읽기는 어디 하나 버릴 데 없는 쓸모가 많은 영역이다.

읽기가 중요한 이유

읽기는 입시와 직결된다. 교육과정과 입시 제도는 늘 변한다. 아무리 변해도 입시 영어에서 가장 많이 출제하고 측정하는 영역은 읽기다. 큰 틀의 변화는 있겠지만 본질은 변하지 않는다.

현재 수능과 내신의 약 80% 이상이 읽기다. 읽기 능력이 받쳐 주지 않으면 아무리 마음을 다잡고 공부한다 하더라도 가동력이 떨어진다. 대학 입시뿐만이 아니다. 모든 시험이 그렇다. 대학원 진학 시험, 토익TOEIC, 토플TOEFL, 텝스TEPS, 거의 모든 공인인증 시험은 읽기 능력이 기본이다. 물론 토플처럼 말하기, 쓰기 영역 비중이 큰 시험도 있지만, 그래도 읽기 영역 비중은 어떤 시험이건 간에 크다.

입시 이후에도 가장 많이 쓰는 영역이 읽기다. 영어는 세계 공통어 Lingua Franca로 주인 없는 언어다. 입시만을 위해 읽는 게 아니라 입시 후에도 사회에서 제 역할을 하기 위한 필수 자질이다. 대학에 진학해서는 원서를 읽는다. 회사에 입사해서는 영문 이메일과 문서를 읽는다. 읽기 능력은 학교나 직장에서 우리말과 다름없이 읽어야 생활이 수월하다.

나아가 읽기를 잘하면 삶이 풍요로워진다. 가장 중요한 이유다. 읽다 보면 그 안에 맥락이 있다. 우리말 독서를 생각해보자. 독서를 하는 이유는 그 안에 메시지가 있기 때문이다. 그 안에 교훈과 성장의 메시지를 이해하면 삶에 도움이 된다. 독서 본연의 즐거움을 영어로 맛보려면 어느 정도 읽기 실력이 뒷받침돼야 한다.

이러한 이유로 우리에게 영어의 4가지 영역 중 한 가지만 사용하라고 한다면 읽기가 단연코 가장 필요한 영역이다. 그럼 읽기는 어느 정도로 잘해야 할까? 일단 목표를 두 개로 나누자.

아이들에게 큰 관문은 입시이니 입시 전과 후로 생각해보자. 입시가 목표인 시기에는 수능 영어를 풀 수 있는 수준까지, 즉 고등학교 3학년 수준의 모의고사를 목표로 하면 된다.

이 단계는 아직 영어가 하나의 과목인 시기다. 물론 처음부터 모의고사 수준으로 읽으라는 말은 아니다. 영유아기는 언어로 접근한다. 하지만 최종 목표는 입시다. 언어로 접근하다 학습으로 전환한다. 노출과 습득에서 시작했다면 분석과 학습으로 접근하는 방법이다.

영유아기에는 그림책, 리더스북으로 시작한다. 점차 챕터북, 소설책, 미국 교과서 등을 읽는다. 필요한 시점에 적절하게 학습서를 접한다. 이때부터 학습적인 접근을 시작한다. 이후 중학교에 진학해서는 내신 문제, 모의고사 문제 등을 읽는다. 본격적인 입시를 준비하는 시기다. 입시 전 모든 읽기 훈련은 중요하다. 각 단계가 다음 단계의 밑거름이 된다.

많은 사람이 묻는다. "선생님, 우리 아이 이 정도면 실력이 어떤가요?" 현재 상황을 알기 위해 매우 중요한 질문이다. 학년에 따라 '반드시 이 정도까지는 해야 한다'고 정해놓은 기준은 어디에도 없다. 아이의 학습 성향, 인지 수준, 기본 학습 능력 등 영어 실력을 판가름하는 요소가 언제 발현될지 아무도 예측하기 어렵다. 하지만 평균 학습 능력을 갖춘 아이라고 가정해본다면, '이 정도는 최소한 돼야 다음 과정을 열심히 한다'는 가정하에 기준을 설명해보려고 한다.

파닉스Phonics는 최소 초등학교 2학년 때까지 마치기를 권한다. 3학년부터 교과과정에 영어가 시작하지만, 학교 교과과정만 따라가기에는 양이 현저히 적을뿐더러 심도 있는 영어를 공부하기에는 적합하지 않다.

초등학교 5학년 입학 시점에는 비문학 지문당 최소 150~200단어 정도는 읽을 수 있으면 좋다. 중학교에 입학할 즈음에는 지문당 250단어 정도와 기초 문법 개념을 알면 좋다. 고등 1학년 모의고사에서 2등급까지 받을 실력이면 고등학교 입학해 열심히 하면 상위권에 진입할 가능성이 있다.

다음으로 입시를 치르고 난 후를 살펴보자. 이때는 어느 정도 읽으면 '읽기 능력이 뛰어나다'라고 할 수 있을까? 성인이 원서, 영어로 쓰인 뉴스, 사설, 글을 70% 이상 이해하는 수준 정도다. 꾸준히 자기계발을 해 영어 공부를 해나가는 단계다.

이때는 영어를 공부할수록 인생이 재미있어지는 시기다. 나는 초등학생 때 챕터북을 읽고 난 후 입시 영어를 공부했다. 입시가 끝난 후 다시 영어 원서를 처음 접한 것은 23세에 미국 유학을 갔을 때였다. 우리나라 교보문고와 같은 대형 서점 반스앤노블Barnes&Noble에 갔다. 메인 매대에 깔린 댄 브라운의 《다빈치 코드The Da Vinci Code》를 읽었다. 당시 초대형 베스트셀러였다. 금박에 번쩍이는 표지가 멋져 외관에 반해 덜컥 사 버렸다. 원서 읽기 초보가 뭣도 모르고 읽기의 고난도 격인 장편 소설, 그것도 추리 소설을 산 거다. 읽기 버거웠다. 당시 부모님께 용돈을 타서 생활하는 학생 신분으로서 책을 사 놓고 읽지 않으면 안 될 것 같았다.

그래서 열심히 읽었다. 물론 모르는 단어가 많았지만 건너뛰며 읽었다. 두 달 만에 완독하니 한 권 읽기의 위대함을 깨달았다. 완독 후의 뿌듯함, 내가 모르는 세상에 대한 동경, 더 알아보고 싶은 진취심이 솟구치며 행복했다. 그 이후로 소설뿐 아니라, 자기계발서, 경제경영서, 10대 후반의 주인공이 등장하는 소설 YAYoung Adult, 에세이 등 다양한 분야의 원서를 읽었다. 손바닥만 한 페이퍼북Paperbook부터 두고두고 보고 싶은 하드커버Hardcover까지 꾸준히 사 읽었다.

10년이 지난 지금은 가장 큰 취미가 반스앤노블 홈페이지에서 내가 좋아하는 작가의 책을 사서 읽는 일이다. 원서 읽기는 바쁘고 녹록지 않은 내 일상에 소소한 행복을 준다. 입시 이후에도 계속해서 읽는 것이 삶의 낙이 되었다.

입시 이후에도 계속해서 원서를 읽는 것이 좋다. 초등학생을 자녀로 둔 학부모가 가장 잊기 쉬운 부분이다. 12세 이전이 언어를 습득하기 가장 효과적인 시기이기에 부모들은 원서 읽기에 큰 힘을 쏟는다. 원서 읽기 습관을 들여줄 수 있고 가장 효과가 좋은 시기가 12세 전이라는 이론은 누구도 부인할 수 없다. 하지만 우리나라와 같이 입시 경쟁이 과열된 환경에서 12세 전에 원서 읽기에만 집중하기는 힘들다.

어찌 보면 다른 목표를 두고 도달하는 방법이 같다고 착각하는 것과 마찬가지다. 원서 읽기로 얻는 실력과 국내 입시에서 측정하는 지점이 많이 동떨어져 있다. 이를 모르고 이상적인 형태만 계속 따라가는 꼴이 된다. 따라서 원서 읽기는 12세 전에만 매달릴 일이 아니라 오히려 평생 취미로 생각하는 편이 좋다. 그 편이 앞으로 아이가 영어를 통해 행복한 삶을 살아가는 데 도움이 될 것이다.

학년별로 핵심 학습법을 취하자

공부도 때가 있는 법이다. 시기를 놓치지 않아야 한다. 읽기도 마찬가지다. 때에 맞춰 적절한 학습법을 취해야 한다. 평생 함께할 읽기, 입시를 치르기 전에는 어떻게 접근하면 좋을까? 학년별로 핵심 학습법을 알아보자.

우선 읽기의 종류에 대해 나열해보겠다. 그림책, 리더스북, 챕터북, 소설책, 교과서, 스킬북, 내신 문제, 모의고사 문제 등 읽을 텍스트가 학년별, 단계별로 매우 다양하다. 이를 레벨과 학년에 맞게 핵심이 되는 읽기 기술을 훈련하는 일이 중요하다.

만약 초등학교 5~6학년인데 원서 읽기 시기를 놓쳤다면, 이는 입시 영어 준비 시기가 코앞에 닥쳐 원서 읽기보다 입시 영어 준비가 더 급하다는 뜻이다. 그래서 원서 읽기에 대한 로망 때문에 입시 읽기를 시작하지 않고 계속 원서 읽기에 집중하는 것은 권하지 않는다.

만약 아이가 초등학교 3학년이라면, 읽기에 유창한 아이도 토플 지문을 읽게 할 순 없다. 인지 수준이 따라 주지 못해 아무리 읽어도 읽기 효과가 없다.

흥미도 고려해야 한다. 아직 읽기가 유창하지 않아 리더스북을 읽어야 하는 단계인데 무작정 비문학을 들이미는 것은 아이의 흥미를 깰 수 있다.

읽기 훈련은 효율·인지 수준·흥미, 삼박자 모두 따라 줘야 한다. 따라서 학원을 보내든 과외를 하든, 혼자 공부를 하든 간에 가장 중요한 것은 해당 레벨에 어떤 읽기 훈련이 되어야 하는지 아는 것이다.

02

7단계
정독 훈련법

글을 잘 읽으려면 3가지를 해야 한다. 좋은 글 찾기, 제대로 된 읽기 방법, 나만의 생각 정리하기. 이 가운데서 대입에 큰 역할을 하는 건 좋은 글과 읽기 방법이다. 공부를 열심히 한다고 시험 잘 보는 것이 아니듯 많이 읽는다고 해서 잘 읽는 것은 아니다. 읽어본 사람은 안다. 즐거움을 위해 읽는 것과 읽기 위해 읽는 것은 매우 다르다.

엄선된 글을 제대로 읽어야 한다. 실력을 높일 수 있는 글을 읽어야 실력이 올라간다. 글 읽기의 원래 목적은 즐거움이다. 따라서 어떤 글을 읽어야 좋다, 나쁘다 따지는 일은 필요 없다. 좋아하는 분야, 흥미 있는 소재의 글만 탐독하면 된다. 하지만 입시를 목적으로 한 글 읽기는 다르다. 대입에 도움이 되는 글과 읽기 방법, 전략은 따로 있다. 분석하며 읽어야 하고 이것이 몸에 밸 정도로 훈련해야 한다. 글의 종류와 읽는 방법을 알아보자.

문학과 비문학, 무엇을 읽을까

글의 장르를 잘 골라야 잘 읽게 된다. 장르는 크게 문학과 비문학으로 나뉜다. 어렸을 땐 주로 문학을 읽고 점차 비문학을 읽는다.

문학은 보통 스토리북, 리더스북, 챕터북을 말한다. 어렸을 때는 비문학을 접할 만큼 배경 지식이 있거나 읽기 전략이 있지 않다. 따라서 연령과 인지 수준에 맞는 이야기로 전개되는 책을 읽는다. 문학에는 감동과 교훈의 메시지가 뚜렷하다.

문학 읽기의 장점은 크게 2가지다. 첫째, 언어 습득에 도움이 된다. 아이들이 접할 법한 상황이 많이 나온다. 학교생활, 친구와 놀기, 가정생활같이 일상에서 있을 법한 언어로 쓰였다. 맥락과 언어 면에서 실용 영어에 가깝다 보니 의사소통 능력을 향상하는 데 큰 도움이 된다.

둘째, 언어 능력을 향상시킨다. 어렸을 때 원서 읽기를 많이 한 학생을 가르치면 가장 좋은 점은 뭘까? 잘 모르는 문제가 나와 대충 '감'으로 찍었는데 그 감이 제대로 먹힌다는 점이다. 이유를 설명해보라고 하면 문법 규칙을 따로 설명할 수는 없다. 하지만 '그냥 원래 그런 것 같다'라는 감각이 있다. 어순 감각이나 자연스러운 단어 사용이나 어구의 구성을 파악한다.

하지만 계속 문학만 읽을 순 없다. 학문 영어와 동떨어져 있기 때문이다. 모든 영어 시험은 어휘와 맥락, 구조 면에서 실용 영어와 크게 다르다.

비문학은 주로 스킬북(학습서)과 리더스북에서 접할 수 있다. 인지 수준이 발달하면서 많은 정보를 담은 책을 접한다. 비문학 읽기의 장점도 크게 2가지다.

첫째, 배경 지식을 확장하는 데 도움이 된다. 현재의 우리의 삶이나 과학, 사회, 역사, 문화, 정치 등 다양한 분야의 진실을 알려주어 폭넓은 배경 지식을 쌓을 수 있다. 나아가 세상을 향한 넓은 시야를 갖게 해준다. 그러다 보니 스토리 중심의 구성보다 정보의 나열이나 작가의 주장과 의견을 찾아야 하는 경우가 많다.

둘째, 읽기를 전략적으로 훈련할 수 있다. 읽기의 전략은 다양하다. 주제를 파악하고 모르는 단어를 추측하고 내용을 정리하는 일, 글이 어떤 구성인지 보는 일이 이에 해당한다. 이를테면 글이 정보를 나열하기 위해 쓰인 건지, 시간 순으로 열거된 건지, 비교와 대조 글인지, 주장과 근거로 이루어진 건지 등 이런 글의 생긴 모습을 인지하고 글을 읽는 것은 비문학 읽기의 기초가 된다.

중학교 이상의 교과서부터는 전부 비문학이다. 비문학은 언제부터 읽으면 좋을까? 영어 수준은 학년보다 영어 레벨로 기준을 가늠하기 때문에 학년으로 구분하기는 어렵다. 대략 한 지문당 150단어 이상을 읽을 수 있는 수준이 되었을 때 본격적으로 읽으면 좋다.

문학과 비문학, 다독과 정독. 이 둘은 한 쌍이다. 각 장점을 살리기 위해 문학을 다독하다가 비문학을 정독하기 때문이다. 많이 읽는 게 좋을까? 정확하게 읽는 게 좋을까? 많이 읽다가 정확히 읽는 비중을 늘리면 좋다. 예를 들어보자.

동물을 좋아하는 8세 남자아이가 있다. 8~9세까지는 다양한 동물을 모두 섭렵할 정도로 동물에 관한 리더스북, 챕터북을 많이 읽는다. 그림도 많고, 동물과 함께 모험을 떠나는 어드벤처 장르다. 모두 이해하지 못해도 한 권을 다 읽는 데 무리가 없다. 비슷한 종류의 책을 여러 권 읽는다.

10~11세가 되자 동물과 생태계를 다룬 과학책에도 관심을 둔다. 글이 많아지고 동물에 관한 사실적 설명과 자세한 묘사로 이루어진 설명 글을 읽는다. 모르는 어휘도 나오고, 전문 용어도 나온다. 챕터북처럼 글의 호흡이 길지는 않지만, 많은 정보를 이해해야 하며 비교하기, 유추하기, 분류하기 등과 같은 읽기 기술이 없으면 정확히 이해하기 힘들다. 집중해서 읽는다.

고학년이 될수록 지질학, 고고학 같은 관련 분야로 관심을 넓혀 간다. 배경 지식도 다양해지고 아는 어휘도 많아진다. 남들에게는 생소한 영어 지문도 수월하게 읽을 수 있다.

이는 원서 읽기에서 학문적인 영어 지문 읽기로 자연스럽게 연결된 아주 모범적인 예다. 나이와 인지 수준, 영어 실력. 이 3가지가 정독과 다독을 언제 어떻게 취해야 하는지 기준이 된다.

언제부터 정독에 힘써야 할까

지문당 150단어를 읽는 단계에 이르기 전까지는 다독하는 게 좋다. 이 시기는 파닉스를 마치고 간판, 브랜드 이름 등 닥치는 대로 읽는 것에서 시작해 점차 그림책, 리더스북, 챕터북 읽기로 발전한다. 대략 2~3년 정도 걸린다.

주로 저학년, 영어 레벨이 낮은 단계 학생들이기 때문에 정보성 글보다는 흥미와 재미, 감동을 주는 스토리를 읽는다. 높은 인지 수준을 요구하는 글이 아니므로 글의 줄거리를 이해하고, 느낌과 분위기로 글을 읽는다. 이 단계에서는 얼마나 책을 정확히 읽었나 보다는 몇 권을 읽었느냐가 중요하며 독서의 기준이 된다. 점차 아이가 크며 '글밥'(책에 들어 있는 글자의 수)도 많아지고, 정독을 요구하는 글을 접한다.

초등 고학년, 중학교 즈음 지문당 150단어를 읽는 단계 이후부터는 정독 훈련에 집중하는 게 좋다. 영어 수준이 낮을 경우 아직 정독을 할 만한 글을 대하지 않는다. 예를 들어 간단한 스토리 글은 딱히 분석하지 않아도 잘 읽힌다. 굳이 분석할 필요가 없다. 그림도 많고 글도 적고 내용도 쉽다.

글밥이 많아져 글의 구성이 복잡해져야 분석할 거리가 있다. 어림잡아 비문학 지문당 150~200단어 사이부터 그런 글이다. 이때부터 정독이 필요한 시기다.

문학, 비문학 모두 무관하게 정독할 필요가 있다. 챕터북 이상 소설책 단계부터는 등장인물 분석, 기승전결 파악하기, 주요 내용 정리하기 등의 읽기 전략이 필요하다. 독후 활동도 해야 한다. 책 내용 요약하기, 등장인물과 기승전결 줄거리 분석하기, 기타 워크시트 worksheet를 통해 정리해보는 것도 중요하다. 문학에서는 필수 사항이 아니다.

하지만 비문학에서는 반드시 해야 한다. 비문학 지문을 읽을 때 필요한 기술을 나열해보면, 글의 내용 예측하기, 배경 지식 학습하기, 단어 학습하기, 글의 자세한 정보에 관한 질문과 답하기, 글의 시간순 배열하기, 유추하기, 비교하기 등 많은 읽기 기술이 필요하다.

내가 아이들을 가르칠 때 학년, 영어 실력과 무관하게 지문당 150단어 이상 읽을 수 있을 때부터 반드시 가르치는 기술이 있다. 분석하며 읽기다.

여러 사람이 읽기 요령을 자주 묻는다. 일단 많이 읽고, 요약해서 읽고, 분석해서 읽으라고 말한다. 그러려면 소단락부터 요약해야 한다. 요약해야 분석할 수 있다. 분석하는 데 도움이 되는 정독 훈련법을 연습해보자.

'정독 훈련법'은 소단락 훈련이라고도 한다. 정해져 있는 이론은 아니다. 아이들을 가르치다 보니 필요해서 만든 방법이다. 소단락을 한 글로 정리하며 읽는 방법으로 총 7단계다. 익숙해지면 이것을 한 번에 할 수 있다. 영어 읽기가 숙련된 아이들은 이 단계를 굳이 거치지 않고 자동으로 애초부터 이렇게 읽는다. 한 번에 할 수 있을 때까지 체득이 되면 읽기가 수월해진다.

영어뿐 아니라 국어에도 도움이 된다. 그렇게 되기 위해서는 오랜 기간에 걸쳐 훈련해야 한다. 천 리 길도 한 걸음부터라고 하지 않았던가. 꾸준히 연습하면 어느새 저절로 요약된다.

정독 훈련법 7단계

1. 단어 암기하기
요리하기 전에 좋은 재료를 다듬어 놓는 것과 같다. 모르는 어휘라는 걸림돌을 제거하여 의미에 더 집중해 읽을 수 있다.

2. 음원을 들으며 끝까지 읽기
이때 자주 반복되는 단어는 표시해둔다. 소재일 확률이 높다. 모르는 단어도 표시한다. 후에 찾아본다.

3. 음원을 듣지 말고 눈으로만 한번 쭉 읽기
음원이 있으면 정확한 읽기 실력을 측정하기 어렵다. 눈이 소리를 따라가기 때문이다. 내용과 흐름에 집중하여 읽는다. 요약할 대략적인 내용을 머릿속에 정리하며 읽으면 좋다.

4. 키워드를 넣어 한 문장으로 정리하기
여기부터가 중요하다. 글에 단락이 몇 개인지 총 단락의 개수를 써서 앞에 번호를 붙인다. 단락별로 주제문이라고 생각되는 문장에 밑줄을 긋는다. 주제문이 딱히 없을 수도 있다. 이럴 땐 중심이 되는 단어, 키워드에 밑줄을 긋는다.

5. 밑줄 그은 부분 요약하기
우리말 또는 영어 둘 다 괜찮다. 하지만 고학년이 될수록 우리말로 요약하는 게 더 도움이 된다. 문제에서 주로 논리력을 이용해 묻고, 고배점인 추론 문제를 풀려면 논리가 중요하기 때문이다. 논리와 추론을 위해서는 패러프레이징

Paraphrasing(글 속의 어구를 다른 말로 바꾸어서 알기 쉽게 풀이한 것), 즉 필자가 쓴 문장이 아니라 내가 이해한 대로 요약하는 게 중요하다. 저학년이라면 영어로 요약하는 것도 좋다. 이미 지문에 나와 있는 걸 이용하면 되기 때문에 더 쉽다.

6. 소제목과 연결해 글의 흐름 파악하기

흐름을 파악하면 뭐가 좋을까? 시간 내에 문제를 푸는 속도가 빨라진다. 단락별 세부 내용을 기억할 수 있다. 이는 후에 문제를 푸는 속도를 단축하는 데 도움이 된다.

7. 글의 최종 요점 정리하기

마지막 한 문장만 남긴다. '이 글은 한마디로 뭐다'로 요약하는 거다. 보통 1번 문제는 글의 요점, 제목을 한 문장으로 정리하라는 내용을 묻는다. 요점을 정리해 놓으면 1번 문제를 바로 풀 수 있다.

이 방법을 언제까지 하면 될까? 7단계를 굳이 단계를 나누거나 손으로 쓰지 않아도 될 정도까지 하면 좋다. 소단락 내용을 머릿속에서 구조화하는 게 자동으로 될 때까지 하면 숙련된 읽기가 가능하다. 그렇게 하면 입시 이후에도 두루 써먹는 유용한 읽기 실력을 갖출 수 있다. 정리하여 읽고, 요약하며 읽고, 분석해서 읽자. 그러면 잘 읽을 수 있게 된다.

03

듣기, 인풋이
아웃풋의 질을 좌우한다

우리가 '영어 듣기'라고 부르는 영역에는 많은 종류가 있다. 먼저, 뉴스 듣기, 원서 듣기, 애니메이션 듣기 등 책과 매체를 통해 들을 수 있다. 입시와 관련된 듣기 영역으로는 모의고사, 수행평가, 수능 듣기 평가, 듣기 스킬북 받아쓰기dictation 등이 이에 해당한다.

듣기는 읽기와 함께 인풋input(입력) 영역이다. 입시나 시험만 없었으면 참 좋았을 텐데, 듣기는 입시에 가려져 등한시되는 영어 4대 영역 중 하나다. 영어 듣기 공부를 초등학생 때 하면 왜 좋은지 어떻게 공부해야 하는지 알아보자.

듣기와 말하기는 한 쌍이다

듣기가 중요한 이유는 입시에서 큰 비중을 차지하는 영역이기 때문이다. 수능 문제 총 45문항 중 17문제가 듣기 영역이다. 다행히 난이도는 읽기보다 쉬운 편이다. 실제로 대학 입시를 앞둔 수험생은 읽기 지문을 집중적으로 하지, 듣기 영역을 열심히 공략하지는 않는다. 1~2등급을 바라보는 학생들은 보통 어렵지 않게 맞추는 수준의 난이도로 출제된다.

듣기가 중요한 또 다른 이유는 말하기 영역과 깊은 관련이 있다는 점이다. 인풋이 아웃풋output(출력)의 질을 좌우한다. 인풋이 충분해야 아웃풋이 잘된다고 들어본 적이 있을 것이다. 듣기를 잘하면 말하기에 큰 도움이 된다. 양질의 인풋을 해주면 꺼내어 쓰는 아웃풋의 질이 달라진다.

들어야 말이 붙는다. 읽어본 게 많고 들어본 게 많아야 잘 쓰고 잘 말한다. 이 중에서도 듣기는 말하기와 특히 관련이 있다. 들어본 사람이 말도 한다고 많이 들어야 말도 잘한다.

영어를 한 번도 배운 적 없는 9세 아이가 있다고 가정해보자. 주재원으로 발령이 난 아버지를 따라 미국 공립초등학교에 입학했다. 수업 시간에 한 친구가 선생님에게 "Mrs. Claire, Can I go to the bathroom, please?"(클레어 선생님, 화장실에 다녀와도 되나요?)라고 했더니 곧 선생님이 "Sure, Go ahead"(그래, 갔다 오렴)라고 말했다. 그러자 그 친구가 화장실에 다녀오는 게 아닌가. '아, 화장실에 가고 싶을 때

는 저렇게 말하는 건가 보다. 나도 저렇게 말해야지.'

다음날 수업 시간에 화장실에 가고 싶은 아이는 어제 들었던 말을 바로 써먹어본다. 그 말이 통하면 다음에도 계속 다른 아이들이 하는 말을 잘 활용하며 한마디 한마디 배운다. 이와 같은 사례가 영어를 쓰는 환경에 노출됐을 때 자연스럽게 영어를 배우는 방식이다.

하지만 우리의 실정은 다르다. 국내에서 영어를 듣고 배워야 한다. 그래서 최대한 영어를 쓰는 환경에서 있을 법한 상황이 많이 제공되는 책과 영상으로 영어를 노출하는 것이다. 아마도 영어 유치원에 열광하는 이유가 이 때문일 것이다. 원서를 읽는 시기를 놓쳐 아쉬운 학생이라면 듣기에 집중하기를 권한다. 말하기에 도움이 된다.

입시 영어를 무시하고 제대로 듣기 공부를 한다면 평생 영어를 아주 유용하게 써먹을 수 있다. 입시를 차치해놓고 보더라도 읽기와 함께 듣기는 정말 배워서 남 주는 게 아닌 가치 있는 공부다. 듣기를 학습하면 들을 수 있는 삶의 반경이 얼마나 넓어질까?

테드 토크TED talk 듣기, 원서 오디오북 듣기, 일상 회화를 할 때 당황하지 않고 답변하기, 회사 업무 처리, 해외여행 때 대화하고 안내 사항 알아듣기 등 여러 좋은 점이 있다. 일단 듣기가 돼야 쌍방향 소통이 일어난다. 일상생활에서 매우 중요하지만 그렇다고 시험을 치를 때까지 붙들고만 있을 수 없는 노릇이라 대입을 바라보는 견해로는 듣기 공부란 여간 애매한 게 아니다. 하지만 안타까운 현실은 이 좋은 듣기 공부를 초등학교나 중학교 때 잠깐 하고, 입시를 본 다음 다시 대학 가서 집중적으로 공부하는 광경이다. 다시 말해 영어 듣기 공부는 나이 들면서 제일 많이 공부하는 영역이다. 많은 노력을 투자하기에 시간이 없다면 대체 어느 정도까지 하면 될까?

취학 전이나 초등학교 1~2학년까지는 챕터북, 소설책 등 10대가 등장하는 원서를 음독하거나 디즈니 영화, 애니메이션을 청취하면 된다. 초등학교 5~6학년부터는 듣기 스킬북으로 집중적으로 듣기 훈련을 반드시 해야 한다. 이는 대입 입시와 직결되는 부분으로 일상 회화나 유창한 듣기 능력보다 정확도 있는 집중 듣기 훈련을 해야 한다. 보통 중학교 2~3학년부터 대입 전까지는 수능 모의고사 문제집을 푸는 것을 추천한다.

대학생들이 주로 가는 서울 강남이나 종로 어학원에 가면 가장 먼저 수강하는 기초 수업이 청해聽解(말을 듣고 이해하기)다. 20여 년 전 내가 대학생 때도 그랬는데 지금도 마찬가지다. 영어의 기초이기 때문이다. 하지만 왜 대학에 진학해서 청해 수업을 듣는 걸까? 우리나라 학생들은 입시 때 읽기 공부를 정말 많이 하므로 읽기 실력은 외국인으로 갖출 수 있는 수준 이상이다. 하지만 그에 견줘 듣기 능력은 현저히 떨어진다. 이는 실제 원어민이 쓰는 언어와 입시 영어의 괴리감이 있기도 하지만 그만큼 입시에서 듣기 측정을 비교적 덜 하므로 학습 능력을 많이 닦아놓지 않아서 그렇다.

고학년으로 갈수록 듣기의 중요성이 묻혀 계속 공부하지 않는 분위기다. 우리나라 입시에서 매우 쉬운 영역이기에 계속 공부를 하지 않는 것이다. 레벨 테스트나 수행평가, 교과서, 모의고사에서도 정확한 측정은 불가능하다. 국내 어느 시험에서도 읽기보다 비중이 적다. 결국 대학교에 진학해 그 후부터 미국 드라마나 영상 매체를 보며 제대로 공부하는 추세다. 이렇게 되지 않으려면 중학교 진학 전에 초등학교 3~6학년 시기를 놓치지 말고 읽기와 함께 듣기도 열심히 공부하는 걸 권한다.

유일하고 가장 효과적인 공부법, 받아쓰기

가장 좋은 듣기 공부는 무엇일까? 연령 무관하고 효과가 좋고 제대로 된 유일무이한 듣기 공부법은 받아쓰기다. '뭐? 모든 들리는 말을 받아쓰라고? 그렇게 무식한 말이 어디 있나?'라고 생각하면 이거야말로 영어 공부의 '영'자도 모르는 것이다. 받아쓰기는 듣기, 읽기, 어휘 모두를 잡을 수 있는 정말 좋은 공부법이며 입시만 생각하지 않고 실생활과 입시 이후의 과정과 길게 봤을 때 꼭 필요한 훈련법이다. 그럼 받아쓰기를 하는 방법을 알아보자.

받아쓰기가 중요한 이유는 무엇이 들리고, 안 들리는지 정확히 알 수 있기 때문이다. 빈칸을 다 채워 넣지 못했다면 대본이나 정답을 확인해보고 '아, 이 어휘나 어구는 이렇게 소리가 나는구나!' 또는 '정말 애초에 모르는 어휘나 어구였구나' 할 수도 있다. 받아쓰기 훈련을 하면 아는 표현이 많아진다. 한마디로 인풋을 많이 하니 아웃풋에 써먹을 거리가 많아진다. '이런 문맥에서는 이렇게 쓰는구나' 하면서 하나 둘씩 아는 표현이 늘고 숙련된 듣기 실력을 얻게 된다. 받아쓰기는 나이와 입시에 관계없이 높은 수준의 듣기 공부를 원하는 사람에게 가장 좋은 듣기 훈련이다. 스킬북을 활용해 받아쓰기하는 방법을 자세히 알아보자.

스킬북에서 받아쓰기하는 방법

1. 어휘를 미리 학습한다.
읽기와 마찬가지다. 요리하기 전에 재료를 손질해놓는 이치다. 받아쓰기의 속도를 높여줄 뿐만 아니라 총체적인 학습의 완성도를 높이기 위해 꼭 필요하다.

2. 워크북을 먼저 시작한다.
스킬북은 보통 본 책Student Book과 연습 문제와 숙제가 있는 워크북Workbook으로 구성된다. 다른 영역에서는 본 책이 워크북보다 중요하지만 듣기 스킬북은 아니다. 워크북이 핵심이다. 받아쓰기를 할 때는 본 책의 문제를 먼저 푸는 게 아니라 워크북에 있는 받아쓰기를 먼저 해야 한다. 문제를 푸는 것이 목표가 아니라 전반적인 글의 흐름 안에서 정확도 있는 세부 사항까지 듣는 연습을 하는 게 목표다.

3. 음원을 처음부터 끝까지 들으면서 글의 주제가 무엇인지 파악한다.
세부 사항보다 글의 소재나 대화의 구성에 신경 쓴다.

4. 받아쓰기를 시작한다.
모르는 단어가 나올 때는 음원을 잠시 멈춰 돌려 듣는다. 스크립트를 마칠 때까지 이 과정을 반복한다.

5. 몰라서 못 받아 적었던 빈칸에 집중하여 듣는다.
아직 채우지 못한 부분을 집중해 반복하여 듣는다.

6. 스크립트를 보고 답을 맞춘다.
몰랐던 부분에 답을 채워 넣고 다시 들어본다. 어떻게 소리가 나는지 섀도잉 해본다.

주의사항이 몇 가지 있다. 처음 듣기 스킬북을 하는 학생에게 받아쓰기는 어려울 수 있다. 스크립트를 보고 눈으로 읽었을 때 해석이 쉽게 되는 수준이나 한 단계 쉬운 책을 고르는 게 좋다.

또는 읽기 책에서 학습한 내용을 출판사에서 제공하는 받아쓰기 워크시트를 활용하는 것도 방법이다. 읽기 책에서 이미 공부한 내용을 받아 적는 일은 아주 잘 손질된 재료를 요리만 하면 되는 밀키트 같은 원리다. 이미 아는 어휘와 어구를 들어보면 훨씬 수월하다.

마지막으로 듣고 받아 적으려면 음원을 멈췄다가 돌리기를 반복해야 하므로 익숙해지기까지 조금 시간이 걸린다. 손에 익숙해지기 전에 포기하기 쉬우므로 처음엔 음원을 조작하는 일을 도와주는 게 좋다.

영문법
꼭 공부해야 할까?

얼마 전 유튜브의 한 채널에서 영어 강사 두 분이 '문법 공부의 시작은 언제가 적기인가?'라는 주제로 토론했다. 한쪽은 '초등학생 때 문법 공부를 시작하는 것은 아이들이 너무 어리고 아직 문법이 필요 없다'라는 견해였고, 다른 한쪽은 '문법은 용어와 개념이 너무 어렵다. 중학교에 진학해서 아이들이 받을 학습 충격을 막기 위해 초등학생 때부터 문법을 공부해야 한다'라는 의견이었다. 보는 내내 하나의 대상을 놓고 정의가 다른 둘이 뭐가 맞네, 틀리네 아웅다웅하는 모습이었다.

정의부터 제대로 내리자. 초등 문법과 입시 문법은 각기 다른 영역이다. 연계성은 있지만 학습 목표가 다르다. 제때 각각 다뤄주는 게 좋다.

초등 문법과 중등 문법, 어떻게 다른가

《Grammar Form and Function》은 내가 가장 좋아하는 초등 문법 학습서 이름이다. 제목에 초등 문법에 대한 모든 것이 담겨 있다. 초등 문법은 그래머Grammar라고 부르는 게 맞을 것 같다. 글의 시스템, 체계다. 영어의 규칙Rule을 익히는 것이다. 규칙을 따지며 정답을 고르는 개념이 아니다. 형태Form, 생긴 모양을 정확히 알고 쓰며, 기능Function 즉, 어떤 역할을 하는지 아는 것이다. 이 3가지가 초등 문법의 전부다.

초등 문법 학습의 목표는 언어의 기능과 올바른 쓰임법을 알아보는 것이다. 어떤 언어를 배우든 규칙을 배운다. 한자식 용어의 이해와 개념을 암기하기 보다 규칙을 익히고 '언어의 감각'을 끌어올리는 용도라고 생각하면 좋다.

반면 중등 문법부터는 시험에 필요한 영문법을 배운다. 아주 복잡한 문장의 구조를 이해하고 쓸 줄 아는 기초를 익힌다. 언어의 감각이 목표가 아니라 원리와 이유를 댈 줄 알아야 한다. 중학교 때 학습한 문법 지식이 고등학교에 진학해 집중적으로 시간을 쏟게 될 구문 독해의 기초가 된다.

고등 문법은 중등 문법과 범위가 크게 다르지 않지만 내용이 심화된다. 수능에 문법 영역이 직접적으로 나오지 않지만 수능 수준의 독해를 하는 데 꼭 필요하므로 고등학생 때도 꾸준히 문법 지식을 접하고 활용한다.

초등학교와 중·고등학교의 문법 학습 목표는 매우 다르다. 둘을 혼동하면, 초등 문법도 못하고 중등 문법도 못하는 곤란한 상황이 되고만다. 초등 문법, 입시 문법은 선택 사항이 아니다. 둘 다 제 학년에 맞게 적절한 방법으로 공부할 필요가 있다.

그렇다면 초등학생 때 문법을 어떻게 접근해야 하는지 알아보자. 영어의 5형식을 들어보았을 것이다. 동사의 종류에 따라 5개의 형식으로 문장이 나뉘는데, 이렇게 형식이 다른 문장을 중학교에 가서는 몇 형씩 몇 형식 따지며 공부한다.

초등학생 때는 아직 '몇 형식이다' 용어를 섞어가면서 공부하는 것이 아니라, '문장이 생긴 모양이 다르고, 이렇게 쓰일 때가 있고 저렇게 쓰일 때가 있구나' 하면서 동사의 쓰임이 여러 가지로 쓰인다는 것을 알고 한번 접해보는 단계다.

예를 들면 enjoy는 동명사를 목적어로 취하는 동사이기에 'enjoy ~ing를 쓴다' 이렇게 외우는 게 아니라, 'enjoy to play soccer는 왠지 이상한데 enjoy playing soccer는 맞는 거 같아' 이 정도로만 감을 키우는 거다.

다른 예로 'The news made us angry.' 같은 문장을 초등학생과

중학생이 공부한다고 가정해보자. '그 소식은 우리를 화나게 만들었다'와 같은 한국식 표현은 없다. 사역동사인 'Make'가 목적격 보어 자리에 동사 원형을 취한다는 내용이 중학교 2학년 영문법에 나온다. 이걸 초등학생들은 어떻게 받아들여야 할까?

'그 소식은 우리를 화나게 만들었다'가 아니라 '그 소식 때문에 우리가 화났다'로 이해해야 한다. 아이들은 이로써 "영어는 이렇게 쓰이는구나. Make는 '만들다'가 아니라 '되게 하다'라는 뜻도 있구나"라는 식으로 쓰임과 기능을 알면 충분하다. Make가 무엇을 '되게 하다'라는 사역의 뜻이 있다는 순기능만 익히면 된다. 사역동사라는 한자 용어는 몰라도 된다.

하지만 이 문장을 중학생이 공부한다고 가정해보자. 중학생은 이 문장을 보면 '이 문장에서 Make는 사역동사이기 때문에 Make(사역동사) + O(목적어) + O.C(목적격 보어) 순으로 써야겠구나. 목적격 보어 자리에는 원칙상 반드시 동사 원형만 쓸 수 있으니 이 부분을 명심해서 문제를 풀어야겠군!'이라고 받아들인다.

먼저 사역동사라는 한자어로 이루어진 뜻에 대해 이해해야 한다. 누군가에게 무엇을 시킨다는 뜻이다. '그렇다면 시킬 대상이 있어야 하고, 무엇을 시킬지도 뒤에 나오겠구나' 이런 식으로 개념과 쓰임을 연결해야 한다.

기초 문법을 공부하는 3가지 방법

초등학생한테 "영어 공부 중 가장 하기 싫은 공부가 뭐니?" 하고 물으면 아마 문법이라고 말할 것이다. 내용도 어렵고 암기도 해야 하고 풀어야 할 문제도 많다고 느낀다. 문법 공부는 눈을 치우는 일과 같다. 하기 싫지만 언젠가는 해야 하는 일이고, 눈을 치우는 데도 요령이 있듯이 문법 공부에도 방법이 있다.

초등 문법은 3가지를 염두하면 된다. 첫째, 개념을 누적한다. 앞선 내용을 알아야 뒤에 나오는 개념이 이해된다. 현재 시제를 알아야 현재 진행형을 배우고 둘의 차이점을 이해하는 것이다. 앞선 개념이 탄탄하지 않으면 헷갈린다. 개념 간 연계성이 중요하다.

둘째, 하루에 한 개념만 제대로 한다. 조동사를 50분 공부한다고 할 때 20분은 개념을 이해하고 30분은 문제를 푼다. 이때 집중적으로 조동사만 문제를 푼다. 매일 누적 평가하면 안 된다. 하루에 한 개념만 집중해서 푼다.

셋째, 누적 평가를 주기적으로 한다. 예를 들어 문법 교재 1권을 마치는 데 3개월이라고 할 경우 누적 평가는 3개월 동안 3번이면 충분하다. 중간고사, 기말고사, 마지막 테스트 이렇게 총 3번을 본다. 단, 오답 처리는 반드시 해야 한다. 답지나 부모의 도움 없이 오답을 고치는 게 중요하다. 개념으로 돌아가서 책을 뒤적여 보는 활동이 핵심이다. 어떤 지식을 어디에 꺼내어 쓸지 고민하는 경험이 실력이 된다.

심화 문법을 잘하는 3가지 방법

고학년이 문법을 잘하려면 첫째, 문제 해결 능력을 키워야 한다. 개념 적용력이라고도 할 수 있다. 문법 개념을 설명하면 개념 이해를 어려워하는 아이들이 많을까? 그렇지 않다. 수학처럼 어려운 개념이 한꺼번에 몇 가지씩 나오지 않을뿐더러 중등 수준의 문법은 고학년이면 누구나 이해할 정도의 난이도다.

문제를 명확하게 정의하고, 가능한 해결책을 찾아 선택하고, 해결법을 문제에 대입해보고, 검토하고 평가해보는 힘이 필요하다. 이 과정은 상위 10%에 해당하는 고난도 문제를 해결하려면 반드시 필요한 과정이며 규칙적인 훈련을 요구한다.

둘째, 개념을 체화해야 한다. 책을 훑거나 강의만 듣는 방식은 안 된다. 많은 학생이 여기에 해당한다. 개념을 이해했지만 암기를 통한 개념의 완벽한 소화 과정 없이, 내가 안다고 착각하고 넘어간다.

완벽한 소화라는 것은 어느 정도까지 학습하는 것일까? 백지를 주고 한 주제나 해당 시기에 대해 개념을 구조화하여 그림을 그리고 간단한 예시를 들 수 있을 정도로 암기해야 한다. 그래야 문제를 해결한다. 구조화와 백지 테스트 공부법은 '5장 07. 문법 심화 학습은 어떻게 할까?'를 참고하자.

셋째, 정답지나 보조 자료에 의존하지 말아야 한다. 이는 문제 해결 능력을 떨어뜨린다. 끝까지 고민해봐야 한다. 요즘 답지는 선생님이 필요 없을 정도로 잘되어 있다. 답지에 의존하면 내가 안다고 착각한다. 고민하기가 싫고 책이 끝날 때까지 답지와 함께하고 싶어진다.
그러므로 스스로 고민해 문제를 해결하는 능력을 키워야 한다.

05

쓰기 공부의 중요성과 단계별 지도 방법

영어 학습을 지도하는 선생님이나 학부모에게 지도하기 가장 어려운 영역을 꼽으라면 아마 쓰기 학습일 것이다. 총체적인 기술이 요구되기 때문이다.

영어 실력이 뒷받침되기도 해야 하지만 표현하고자 하는 생각이 있어야 한다. 기초 영어 실력이 있어야 어느 정도 쓸 수 있는 것도 사실이다.

하지만 쓰기 학습은 그렇게 어렵지 않으며, 우리가 생각하는 것보다 더 중요한 역할을 한다. 쓰기 공부의 중요성과 단계별 지도 방법을 알아보자.

쓰기 공부에 대한 오해

쓰기 공부에 대한 오해가 쓰기 학습의 시작을 방해하는 가장 큰 요소다. 그 오해는 다음과 같다.

우선 쓰기가 중요해봤자 읽기만큼 중요하지 않다는 생각이다. 또한 쓰기는 아웃풋이기 때문에 인풋이 충분할 때 쓰기 학습을 시작해야 한다는 것이다. 마지막으로, 에세이 쓰기를 쓰기라고 부르는 점이다.

모두 사실과 다른 내용이다. 쓰기는 읽기만큼 중요하지 않다는 생각에 대해 알아보자. 쓰기는 생각보다 실용 영어와 입시 영어, 둘 다 활용도가 큰 영역이다. 뭔가 읽고 들을 수 있어야 생각을 쓸 수 있다는 것도 맞지만, 영어의 4가지 영역 중 가장 고급 기술을 요구하며 체화하는 데 시간이 오래 걸리는 영역이다.

국내 입시에서 읽기 영역을 중점적으로 측정하고, 영어를 외국어로 공부하다 보니 읽기에 가려져 상대적으로 중요성과 매력이 낮게 평가되어 있다.

쓰기 훈련도 읽기만큼 공부할 분량이 방대하다. 편지글 쓰기, 묘사하기, 설명하기, 의견 쓰기와 같은 여러 스타일의 글을 쓰는 것이 목표가 될 수 있다. 이와 더불어 글의 구조를 연습할 수도 있다.

주제문, 주제문을 뒷받침하는 보조 문장, 결론 쓰기 등과 같이 글의 구조 연습도 상당히 중요하다. 마치 읽기 공부를 할 때 글밥과 어휘를 늘려가며 점차 난도가 높은 글을 읽듯이 쓰기도 마찬가지로 난도가 높아질수록 기본 틀에 살을 붙여나가며 확장하는 글쓰기를 한다.

영어를 공부할수록 많이 접하고 중요성을 알게 되는 영역이 쓰기다. 우리가 읽기 학습을 꾸준히 하는 것처럼 쓰기 학습을 한다면 입시와 입시 후에도 두루두루 유용하게 사용하는 실력이 될 것이다.

쓰기 학습으로 인풋, 아웃풋 능률 올리기

쓰기는 읽기, 듣기 공부와 함께해도 된다. 선후 관계가 아니다. 요즘은 쓰기의 중요성이 많이 강조되는 추세다. 예전보다 기초 단어 쓰기 연습부터 차근차근하는 체계적인 쓰기 학습서가 많이 출간되고 있다.

쓰기 영역의 학습서를 꾸준히 공부하면 단어 쓰기에서 문장 쓰기, 한 단락 쓰기에서 여러 단락 쓰기와 같이 점차 완성된 글쓰기 연습을 하도록 단계별로 잘 구성되어 있다.

기초 단어 쓰기와 문장 쓰기 연습을 하면 읽기, 듣기 영역에서 공부한 단어와 문장을 직접 써보며 더 확실히 실력을 다질 수 있어 인풋과 아웃풋을 동시에 학습하는 형식이 된다. 언어는 총체적으로 학습할 때 가장 큰 시너지를 낸다.

학습자의 인지 수준과 학습 능력이 어느 정도 뒷받침된다면 인풋, 아웃풋을 동시에 연습하도록 하는 것이 가장 효율적이다. 굳이 인풋 영역을 충분히 다룬 후 시작해야 한다고 생각하는 것은 인풋과 아웃풋 기술을 함께 끌어올릴 수 있는 좋은 도구를 충분히 활용하지 못하는 꼴이 된다. 따라서 인풋에 집중해야 하는 기초 단계에서 쓰기 학습을 겸해 인풋과 아웃풋 능력을 함께 끌어올리자.

국내의 좋은 쓰기 학습서 활용하기

마지막으로 가장 안타까운 오해는 여러 단락으로 구성된 에세이를 쓰는 것만 쓰기 활동이라 생각하는 점이다. 불과 몇 년 전만 해도 교과과정에서 쓰기나 말하기 영역을 측정하는 비중이 크지 않았다. 그래서 지금과 같이 쓰기 학습서가 다양하고 체계적으로 나오지 않았고, 쓰기 학습서는 어느 정도 일정 수준의 영어 실력이 있어야지 접근할 수 있었다.

하지만 현재 국내 영어 학습 출판 시장은 너도나도 좋은 쓰기 학습서를 만들고자 노력하는 분위기이며, 많은 학습서를 개발하고 있다. 종류별 글쓰기, 단락의 짜임 공부하기 등 다양한 글쓰기를 학습하도록 만들어놓았다. 잘 활용해보자.

어디까지 써야 할까?

그렇다면 어디까지 써야 할까? 대입을 바라보는 측면에서는 생각을 조건에 맞춰 한 단락에서 두 단락 정도를 쓸 수 있으면 된다. 물론 짜임새 있고 배경 지식이 풍부하게 뒷받침되는 훌륭한 에세이를 쓸 정도로 공부하면 더할 나위 없이 좋지만, 최소한의 목표를 잡는다면 그렇다는 말이다.

교과과정 중에 쓰기 영역이 요구되는 활동은 뭐가 있을까? 초등학교에서는 단원평가에서 보는 단어 시험, 한 문장 쓰기 정도다. 중학교에서는 쓰기 수행평가와 중간, 기말고사에 출제되는 논술형 문제가 이에 속한다. 고등학교에서도 마찬가지로 중간, 기말고사 논술, 서술형 문제에서 쓰기 부분이 활용된다. 모두 고배점이 할당되어 있다.

다시 말해, 시험 점수에 변별력을 주는 문제의 많은 부분이 쓰기 영역이다. 특히 중·고등 수행평가에서는 원서를 읽고 감상문을 쓴다든지, 연설문, 논설문을 보고 자신의 의견을 쓰게 하는 단락 글쓰기를 요구하기 때문에 쓰기 연습을 체화해두면 입시에도 많은 도움이 된다.

예로 2023학년도 중학교 1~2학년 수행평가 변형 문제를 살펴보자. 예문을 보면 어느 정도까지 쓰기 공부를 해야 하는지 감을 잡을 수 있을 것이다.

중학교 1학년 서술형 수행평가 변형 예시 1

1. 자신이 좋아하거나 관심이 있는 음식을 소개할 내용을 써보시오.

Where is the food from? _____

How does it taste? _____

What are the ingredients? _____

What are the main characteristics of the food? _____

How do you cook the food? _____

How often do you eat the food? _____

What are the nutrients in the food? _____

Why do you like the food? _____

2. 위의 내용을 바탕으로 자신이 좋아하거나 관심이 있는 음식을 소개하는 글을 쓰시오.

> **조건**
> ① 10문장 이상(각 문장 5단어 이상)으로 작성
> ② 위의 내용 중 6가지 이상 포함할 것
> - 감각동사(ex. look + 형용사, taste + 형용사)
> - 빈도부사(always, usually, often, sometimes)
> - 동명사(ex. enjoy, love, like + 동사원형ing)

_____

_____

_____

_____

_____

_____

중학교 2학년 서술형 수행평가 변형 예시 2

1. 주제 : 나의 건강과 관련한 문제점(건강을 해치는 습관)과 개선할 수 있는 방안 쓰기

2. 분량 : 10문장(단, 한 문장은 8단어 이상으로 구성할 것)

3. 필수 문법 :

   ① 5형식(주어＋동사＋목적어(명사)＋목적격보어(명사))

   아래에서 2개 이상 선택하여 쓰시오.

   call A B

   make A B

   name A B

   ② 주격관계대명사(who, which, that)

   ③ 목적격관계대명사(who, whom, which, that)

- 위 조건에 맞게 쓰고, 필수 문법 4가지가 반드시 포함되어야 하며, 포함된 문장 앞에는 별 표시할 것

- 인사말 등은 문장 수에서 제외, 같은 답안은 모두 최하점

_____

_____

_____

_____

_____

_____

_____

_____

_____

두 예시 모두 유창한 쓰기 능력을 측정한다기 보다 학습자와 가장 친숙한 주제를 물으며, 문법 오류가 없는지 교과서 본문과 연계된 문법 포인트를 잘 적용했는지 같은 조건에 맞춘 쓰기 능력을 요구한다. 중학교 2학년 내신 논술형 문항도 쓰기 수행평가와 마찬가지로 교과서 내의 문법을 정확하게 적용하는 글쓰기를 측정하는 몇 문장 정도 쓰기 수준의 글쓰기 능력을 요구한다.

고등학교 수준의 수행평가와 내신 문제는 어떨까? 고등 영어는 중등 영어 수준과 다르게 더 복잡한 문형을 갖춘 글쓰기를 요한다. 하지만 이도 마찬가지로 생각과 의견을 묻는 글쓰기가 아니며, 복잡한 문장의 구조 형식을 올바르게 썼는지 구조적인 측면에서 실력을 측정한다. 국내 입시만 생각했을 때 쓰기를 난도가 높고 접근이 어려운 영역이라고 생각하지 않아도 되는 이유다.

만약 국제중학교나 외국어고등학교를 준비하는 학생이라면 이야기가 조금 다르다. 원서를 읽고 감상문을 쓸 수 있고, 인문학적인 배경 지식을 녹인 내용을 짜임새 있게 쓸 수 있을 정도여야 한다. 이때가 에세이 쓰기 단계 실력까지 필요한 경우다. 아이의 상황에 따라 목표에 맞춰 학습하자.

06

초등학교 1~2학년부터
어휘 공부를 해야 하는 이유

'어휘 공부는 꼭 해야 할까?'

'읽기, 듣기도 미흡한데 어휘까지 병행해야 할까?'

'너무 과한 학습이 되는 건 아닐까?'

'초등학교 5~6학년에 가서 시작해도 되지 않을까?'

이런 고민, 모두 한 번씩은 해봤을 거다. 뭔가 아주 열심히 공부하기에는 아직 다른 영역도 구체적으로 잡히지 않았고, 딱히 주요 영역으로 정해놓고 공부하기에는 선택 같은 느낌의 영역이 '어휘'다. 우리가 보카Voca라고 부르는 이 어휘 공부는 뛰어들기도, 그렇다고 안 하기도 찜찜한 영역이다. 어떻게 접근하면 좋을까?

결론부터 말하면 어휘 공부는 저학년부터 필수로 해야 한다. 접근법을 어떻게 하면 좋을지 잘 알고 하는 어휘 공부는 피가 되고 살이 될 것이다. 어휘 공부의 중요성과 단계별 접근법에 대해 알아보자.

입시 영어에서 어휘가 왜 특히 중요한가?

어휘 공부는 초등학교 1~2학년 때부터 해야 한다. 레벨과 학년이 올라갈수록 어휘는 모든 영역에서 총알과 같은 역할을 한다. 아무리 유창해도 늘 쓰는 말만 쓸 수 없을뿐더러, 자기 생각을 표현하기에도 어휘가 모자라면 한계가 있다. 읽고, 쓰는 경우도 마찬가지다. 상위권에 도달할 때부터는 어휘를 맹연습하는 방법을 추천하는 이유도 바로 이 때문이다.

문장의 구조와 글의 흐름 파악은 잘하는데 어휘를 모른다면 어떻게 될까? 모르는 어휘가 글의 흐름을 바꾸거나 핵심이 되는 문장 안에 쓰였다면 정말 난감하다. 아이들이 보통 잘 아는 단어인 'Novel'이란 단어가 있다. 사전에 나오는 여러 뜻 중에 1번 뜻은 '소설'이다. 하지만 'in a novel way'라는 어구로 쓰였는데 '소설적 방법으로'라고 해석한다면 전혀 뜻이 통하지 않는 해석이 된다.

Novel의 다른 뜻은 '참신한', '아주 새로운'이라는 뜻이 있다. 그래서 여기서는 '아주 새로운 방법'이라고 해석하는 것이 맞다. 어휘는 알면 알수록 공부할 게 많은 영역이며, 학년과 영어 학습 단계가 올라

갈수록 더 중요하다.

어휘 공부는 단시간 안에 이뤄지지 않는다. 모든 언어가 습득, 학습하는 데 시간이 오래 걸리지만 특히 어휘는 시간이 축적되지 않고서는 실력을 쌓을 수 없다.

어휘 공부 유형은 총 3가지다. 모두 일정 시간의 누적 없이는 불가능한 활동이다. 시간이 많은 저학년일 경우 책을 읽으며 모르는 단어가 나올 때마다 단어를 공책에 옮겨 적어 사전을 찾아 정리해두는 방법으로 공부한다. 이 방법으로 꾸준히 공부하면 일정 시간이 지나도 자신이 정리해본 단어를 평생 잊지 않는 진짜 실력이 된다.

또 다른 방법은 읽기와 듣기 학습서를 공부하면서 기초 작업 단계로 어휘를 1차적으로 공부하고 본 읽기와 듣기 학습을 하는 경우다. 교재에서 제공하는 단어 리스트로 영단어와 한글 뜻을 먼저 익힌다. 단어를 기본으로 공부하고 나서 읽기와 집중 듣기 훈련을 하면 본 읽기와 듣기 수업으로 들어갔을 때 학습의 완성도를 높여주며 이 과정을 반복하면 보유 어휘량이 일정 수준 쌓인다.

그다음 방법은 어휘집을 보는 경우다. 초등학교 5~6학년이나 중·고등학생이 많이 사용하는 방법이다. 학년이 올라가면서 학습 시간이 충분치 못하여 어휘량을 빠르게 늘려야 할 경우, 실제 입시에 직면한 학습자에게 필요한 방법이다. 특히 학년이 올라갈수록 단어에 상응하는 한글 어휘도 만만치 않게 어려워지기 때문에 어휘집의 도움을 받으면 단어와 한글 어휘를 함께 공부하는 효과도 볼 수 있다.

이렇듯 세 공부 유형 모두 일정 시간의 누적된 노력이 필요하기에 꾸준히 어휘를 암기하는 습관이 형성되어 있지 않다면 단시간 내에 실력을 발휘하기 힘들다. 어휘 암기는 공부 방법이 뭐가 됐든 간에 습관을 형성하는 일이 먼저다. 읽기 실력과 직결되기 때문이다.

입시에서 요구되는 어휘 실력은 2가지다. 막힘 없는 독해를 하기 위한 사전적 의미에서 1번에 해당하는 뜻을 기본으로 알고 있어야 하며, 그 어휘의 사전적 의미에서 5번, 6번 뜻을 묻는 경우에 대비해 어휘 공부를 해야 한다.

전자의 경우 어휘집에서 암기하면 되지만, 후자의 경우는 문맥 안에서 유추해 뜻을 알아내야 한다. 둘 다 동등하게 많이 필요한 어휘 능력이다. 몇몇 사람은 문맥 안에서 어휘를 유추하는 훈련만 의미 있다고 오해한다.

그렇지 않다. 예를 들어 텝스나 토플 같은 고난도의 시험을 봐야 한다고 해보자. 시험 영어를 대할 때는 특히 문맥 외에도 기본 1차 의미를 알아야 하는 경우가 먼저 준비되어 있어야지 시험 문제를 풀 수 있으므로 2가지 방법 모두 중요하다. 이렇게 중요한 어휘 공부를 어떻게 해야 할까?

시기별 단어 공부법

총 5단계가 있다. 유아기, 초등학교 1~2학년, 초등학교 3~4학년,

초등학교 5~6학년, 중등 이후로 나눌 수 있다.

유아기 때는 그림책 안에서 단어를 읽는다. 이때 어휘를 습득하는 방법은 그림책에서 본 단어를 실생활과 연결하는 것이다. 이 시기 아이들은 노래와 찬트Chant를 곁들여 영어를 시작한다. 보통 많이 보는 책이 《노부영》 시리즈 또는 《픽토리Pictory》 시리즈와 같이 노래로 하는 영어 그림책인데 한 권에 걸쳐 계속 같은 어구와 문장의 구조가 반복되며 그 안에서 단어만 바뀌는 구조다.

예를 들어 아이들이 좋아하는 《What Do You See?》라는 그림책을 보자. 이 책의 주제는 '어른과 새끼 동물 이름 짝 짓기'와 '수 읽기'다. Cat과 Kitten, Dog와 Puppy에 숫자를 입혀 '수 세기'를 반복 연습시킨다. 그림책의 그림과 동작을 활용하여 오감을 자극하고 재미와 흥미를 더하고 자신감을 높여주며 아는 단어를 그림과 함께 반복하여 습득한다.

초등학교 1~2학년 시기는 어떨까? 본격적인 영어 단어 학습을 시작해도 되는 단계다. 파닉스 학습을 끝내고 리더스북을 읽기 시작하는 단계로, 이때부터 단어를 쓰면서 연습하는 훈련을 시작하면 좋다. 여기서 중요한 포인트는 단어 쓰기를 쓰기 영역의 시작 단계라고 생각하면 좋다.

쓰기 영역은 학습자의 학년, 인지 수준, 학습 능력에 따라 차이가 크게 벌어지는 영역이다. 특히 이때 쓰는 활동을 익숙하게 해놓지 않다가 고학년이 되어 갑자기 단어를 쓰려고 습관을 들이는 데만 노력과 시간을 쓰며 진을 빼는 경우를 많이 본다. 쓰는 활동을 열심히 해놓으면 초등학교 3~4학년에 가서 학습에 속도를 붙이는 데 도움이 된다.

이 단계에서는 단어장을 만들어서 기록하는 연습을 병행하면 좋다. 단어장을 만들어보고, 만든 단어 리스트를 연습해보는 일은 아이들에게 지식이 누적된다는 개념을 심어주는 데 효과가 있다. 단어가 축적되는 게 눈으로 보이기도 하며 어휘 뜻을 계속 찾아볼 수 있기 때문이다. 목표 단어를 재밌게 소개하는 책이 흥미를 잃지 않고 꾸준히 학습하기 적합하다.

아이들의 인지 수준에 맞는 그림을 그려보고, 마지막에는 그림에 맞춰 실제 써보게 하는 책이 좋다. 읽기와 듣기 본 학습을 마친 후에 10분 정도 짧고 즐겁게 쓸 수 있는 책을 고른다.

초등학교 3~4학년 때는 어떻게 공부해야 할까? 어휘 자원Pool을 본격적으로 확장해야 하는 시기다. 기존 학습 스타일과 다르며 양도 많아진다. 초등학교 3~4학년은 주제별로 학습하면 가장 효율적이다. 그날 배우는 주제가 '나라와 출신'이라면 각 국가의 이름과 출신을 나타내는 어휘를 함께 익히는 것이 장기 기억 속에 넣기 수월하다. '외모와 성격, 사람의 특징'이 주제라면 사람을 묘사하는 형용사를 집중적으로 공부한다.

이렇듯 주제별로 묶여 있는 어휘가 담긴 책을 사용하는 것이 효율적이다. 단, 반드시 예시와 함께 공부해야 하고, 음원을 듣고 같이 읽고 써봐야 한다. 즉, 말하기와 쓰기를 동시에 해야 한다. 이 과정을 최소 2년 정도 꾸준히 하면 초등학교 수준에서 알아야 하는 기초 어휘를 보유하게 된다.

다음으로 초등학교 5~6학년 단계로 넘어가보자. 이 단계부터는 어휘 공부 스타일이 크게 변한다. 어휘의 쓰임과 기능, 종류를 바꿔줘야 한다. 이제부터는 본격적으로 난도가 높은 지문, 특히 비문학 지문을 유창하게 읽을 때 사용할 어휘로 어휘 자원을 확장하는 게 학습 목표다. 시중에 나와 있는 중등 어휘집을 선정해 최소 2회독하며 어휘의 쓰임과 기능에 집중하여 그 전 단계보다 더욱 난도가 높은 어휘를 익힌다. 이때도 마찬가지로 어휘를 들으면서 쓰고, 눈으로는 예시를 읽으며 문장 안에서는 어떻게 쓰이는지 살펴보며 암기한다.

중등 과정에서는 쓰기 부분이 성적 산출의 큰 비중을 차지한다. 보통 중학교 한 학기에 2번 보는 수행평가도 조건에 맞춘 글쓰기가 출제되며, 내신 시험에서도 고배점을 차지하는 문항은 모두 서술형, 논술형이므로 영어 철자도 반드시 암기해야 한다.

이 과정을 약 2년 정도 하면 중등 어휘집에 나오는 어휘는 마스터하는 수준이 된다. 그다음에는 수능 기출, 고등 대비와 같은 교재에 표기된 수준을 무시하고 고등 수준의 어휘집을 봐야 한다.

중학생 이후 고등학교 수준의 어휘집을 보는 단계까지 왔다면, 이 단계부터는 단어의 철자를 외우기 보다 한글 어휘의 뜻을 잘 이해하며 어휘집을 봐야 한다. 어휘를 이 단계까지 보는 학생은 아마 장문 독해나 최소 고등학교 1학년 수준에 해당하는 모의고사 지문을 대하고 있을 확률이 높다.

그렇다면 읽기의 속도를 높이는 게 어휘 공부의 목적이 된다. 정확도 있는 해석을 하는 것은 기본이며 이 단계에서 막힘없이 해석을 하려면, '1차 의미를 모르는 단어가 얼마나 없나'가 읽기의 속도를 결정짓는다. 어휘 공부를 오래 한 요령이 있는 고등학생들은 정말 급할 경우 어휘집에 있는 한글 뜻만 집중해 공부한다. 속도감 있는 해석을 하기 위해서다.

어휘 공부는 생각보다 전략적이어야 하며 단계별로 학습 목표에 맞게 잘 공부해두면 다음 단계로 넘어가기 위한 발판 역할을 한다. 그러니 게을리하지 말자.

07

구문을 공부하면
영어가 보인다

W

영어 학습 중 가장 기본은 구문 학습이다. 영어를 알면 알수록 구문이 기본이라고 생각한다. 구문Syntax은 '함께 배열한다'를 의미하는 그리스어에서 유래했다. '말의 짜임'이라는 뜻이다. 구문 학습은 문장이 어떤 구조로 짜였는지 문장의 구조를 익히는 공부다. 영어를 오랜 시간 공부했지만, 수능 지문에서 무슨 말인지 몰라 답답해하는 경우를 본다. 지문의 내용을 대충 유추해 문제를 푸는 일도 있지만, 중요한 한 문장이 해석되지 않아 틀리기도 한다. 단어도 알고 문법도 공부했는데 여전히 해석이 안 되는 문장이 있다. 숲을 보지 못하고 나무만 봐서 그렇다. 내가 아직도 구문을 공부하는 배경이다.

구문이란

　구문은 문장의 구조를 공부하는 훈련이다. 수많은 문법 규칙이 모여 이루어진 영어 특유의 표현 방식으로, 구문에 대한 이해가 부족하다면 어휘와 문법 지식이 충분해도 독해가 잘되지 않는다. 문장 하나하나를 문법적으로 분석하는 것보다 더 중요한 것은 영어에 잘 쓰이는 특유의 표현 방식을 숙지해 독해에 바로 적용할 줄 아는 것이다. 구조를 파악하기 어려워서 오답률이 높은 지문의 일부를 살펴보자.

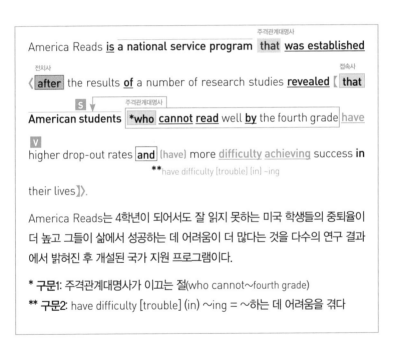

America Reads는 4학년이 되어서도 잘 읽지 못하는 미국 학생들의 중퇴율이 더 높고 그들이 삶에서 성공하는 데 어려움이 더 많다는 것을 다수의 연구 결과에서 밝혀진 후 개설된 국가 지원 프로그램이다.

* **구문1**: 주격관계대명사가 이끄는 절(who cannot~fourth grade)
** **구문2**: have difficulty [trouble] (in) ~ing = ~하는 데 어려움을 겪다

　구문1처럼 'have difficulty + ~ing' 형태로 쓰면 '하는 데 어려움을 겪는다'라는 의미로 쓰인다는 것을 아는 것이 문법 영역이다. 그리고

이것이 문장 전체에 어떤 구조를 성립하고 있는 것인지 아는 게 구문이다. 또한 이 문장은 that으로 연결이 두 번이나 되면서 길이가 길어졌다. 문장의 진짜 주어와 동사가 어디에 있는지, 어떤 부분이 해석에서 크게 의미를 두지 않아도 되는지 알려면 '/' 표시로 문장을 나누어 보아야 한다. '/' 표시를 사용하여 문장의 구조를 보는 훈련을 하다가, 표시 없이도 구조가 즉각적으로 보이면서 매끄러운 해석이 가능하게 되는 것을 목표로 삼고 연습하면 된다. 또 다른 예를 보자.

Jack is my uncle.
The museum is open every day.

- **구문1**: S+V+C(명사)
- **구문2**: S+V+C(형용사)+수식어

이 두 문장은 2형식 문장으로 같은 구조다. 하지만 문장의 길이부터 수식어로 얽힌 모양 자체가 완전히 다르다. 이처럼 같은 구조더라도 구가 얽힌 모양을 아는 것은 문장을 파악하기 위해 꼭 필요하다.

문법이 광범위한 의미에서 '말의 규칙'이라면, 구문은 '문장의 구조'다. 문법이 글을 올바르게 쓰게 하기 위한 일련의 규칙을 배우는 과정이라면, 구문은 문장이 생긴 모양을 정확히 파악하는 것이다. 즉, 문장의 생긴 형태를 정확히 봄으로써 정확한 해석과 빠르게 문맥을 파악하게 하는 것이다. 엄밀히 말해 문법보다 조금 더 큰 쓰임새를 가지고 있다.

레벨이 낮으면 복잡한 구조의 문장을 대할 일은 많지 않지만, 어느 순간 독해 실력이 더 이상 늘지 않고 일정 수준에서 머물러 있는 경우가 종종 있다. 문장의 구조를 보는 눈이 없어 뜻을 파악하는 일이 어렵거나 일정 수준의 속도가 붙지 않는 경우가 이에 해당한다. 영어 문장 구조에 익숙하지 않으면, 단어를 외우고 문법을 익혀도 독해가 쉽지 않다. 영어 문장과 우리말 문장은 구조가 전혀 달라서 정확한 독해를 하기 위해서는 영어 문장의 구조를 잘 파악할 수 있어야 한다.

구문 학습을 하면 좋은 이유

구문 학습이 잘되어 있으면 글을 보는 눈이 훨씬 커진다. 한마디로 숲을 보느냐 나무를 보느냐 같은 문제다. 문장을 하나하나 작은 단위로 나누지 않아도 문장을 보는 즉시 한눈에 구조를 파악할 수 있다면 글을 읽는 속도가 붙는다. 문장을 읽는 속도가 붙어 글의 흐름을 놓치지 않게 되며 글 전체의 흐름을 파악하는 데 막힘이 없어진다.

또한 문법과 어법 문제를 해결할 때도 큰 도움이 된다. 문법 문제의 기초는 문장의 성분과 형태의 잘못된 점을 물을 때가 많다. 이때 구문 훈련이 잘되어 있으면 어느 자리에 어떻게 들어가야 하는지 수월하게 보인다.

듣기와 쓰기에서도 마찬가지다. 보통 복잡하고 긴 글을 들으면서 '여기까지가 주어구나, 이제 동사 시작이구나' 이렇게 분석하지 않는다. 하지만 이 훈련이 잘되어 있으면 들으면서 자연스러운 의미 파악이 잘된다.

글을 쓸 때도 마찬가지다. 처음에는 문장 구조가 단순한 단문으로 단락을 구성하다가, 자기 아이디어나 표현을 더 구체적이고 상세하게 의미를 전달하고 싶을 때가 있다. 이럴 때 바로 구조를 확장해 살핌으로써 세부적인 의미 전달을 할 수 있다. 구문에 대한 이해는 영역을 무관하고 영어 실력 향상에 밑거름이 된다.

보통 일정 수준 이상의 레벨에 다다라야 구문 학습을 할 수 있다. 하지만 경험상, 학년에 비해 영어 실력이 낮을수록 구문 학습을 눈높이에 맞춰서 해준다면 실력이 향상될 것이다.

불과 몇 년 전만 해도 빠르면 중학교 3학년이나, 보통은 고등학교 입학 시기에 구문 학습을 접했다. 몇 년 전까지만 해도 구문의 이해를 돕는 교재가 많지 않았지만, 현재는 많은 사람이 구문 학습에 대한 중요성을 실감하여 많은 출판사에서 초등학교 5~6학년, 레벨이 낮은 학습자부터 구문 학습을 할 수 있도록 눈높이에 맞는 교재들을 만든다.

눈높이에 맞는 구문 학습을 초등학교 5~6학년부터 하면 독해와 문법을 한층 폭넓게 이해하는 데 큰 도움이 된다. 따라서 더 이상 구문 학습은 일정 레벨, 적정 학년이 되어야만 할 수 있는 건 아니다. 아주 기본적인 학습 능력을 갖춘 학습자라면 문법 공부를 시작할 때 즈음 구문 훈련을 병행한다면 전반적인 영어의 기본을 갖출 수 있다.

구문을 학습하는 방법은 2가지다. 독해 책에서 구문을 연습하는 방법이 있으며, 애초에 구문 학습서를 따로 보는 방법이 있다. 일정 량의 구문 학습 방법이 몸에 배어 있어야 독해에 적용할 수 있으므로, 구문 책으로 시작하는 것이 이해하기 조금 더 수월하다.

구문 학습은 곧 문장 학습이다. 문법 설명이 많은 책보다는 문장 예시가 많은 책이 좋다. 문장의 생긴 모양을 분석하는 공부이므로 예문이 부족하면 이해하기 쉽지 않기 때문이다. 가능한 한 많은 종류의 문장이 예로 제시되어 다양한 형태의 문법 구조를 접하는 것이 구문을 공부하기에 적합하다.

구문 훈련에는《천일문》시리즈(쎄듀)가 다른 교재에 견줘 월등히 좋다. 초등학생은《천일문 Starter》시리즈가 적합하며, 숙련자는《천일문 입문 Intro 500 Sentences》부터 시작해도 된다.

3장

힘만 빼는 영어 공부:
대안과 교재 추천

아이에게 알맞은 교재를 찾고 싶은데 생각보다 어렵다. 책의 종류도 많을
뿐더러 여기저기에 소개된 책을 모두 읽을 수도 없다. 어떻게 하면 내 아
이의 실력 향상에 도움이 되는 교재를 찾아줄 수 있을까? 이번 장에서는
분야별, 수준별, 학년별로 아이들이 공부하기에 좋은 교재를 추천해보고
자 한다.

01

원서 읽기에
대한 오해

Q "선생님, 어느 정도 읽기를 할 줄 알아야지 독해도 하고 문법도 하는 거 아닌가요? 책 읽기가 가장 좋은 영어 공부라고 하던데요?"

영어 학습에 대한 이해가 부족한 부모가 흔히 하는 생각이다. 아이가 중학교에 입학할 즈음 되면 "제가 잘못 지도해서 아이 영어가 너무 늦었어요, 선생님" 하면서 상담을 오는 학부모를 매년 본다. 많은 부모가 그 좋다는 원서 읽기를 많이 시켰는데 왜 중학교에 입학할 즈음 '아차' 싶은 걸까? 다음과 같은 오해 때문이다.

원서 읽기에 대한 3가지 오해

첫째, 책을 많이 읽으면 영어 점수를 잘 받을 것이다. 둘째, 책 읽기는 어렸을 때 아니면 못한다. 셋째, 우리 아이는 영원히 책 읽기를 좋아할 것이며 언젠가는 잘 읽을 것이다.

모두 오해다. 첫 번째부터 살펴보자. 다독한 아이들은 모두 국어 점수를 잘 받을까? 아니다. 국어도 중학교, 고등학교에 가면 '공부'를 한다. 우리말 문법도 공부하고, 고전, 비문학 등 여러 공부를 하지 않는가? 같은 이치다. 우리말도 공부라는 과정을 거쳐 과목에서 점수를 낸다. 영어도 마찬가지다. 원서를 많이 읽으면 기초적인 언어 감각과 읽기 능력이 생긴다. 영어 학습을 시작하기 위한 능력이 '갖춰지는 단계'를 마친 셈이다. 이 기초 능력을 발판으로 '학습'이란 과정을 거쳐 더 고차원적인 영어 능력을 키운다.

공부를 하지 않는다면? 답은 뻔하다. 원서를 많이 읽어 고득점을 받을 확률이 높다고 가정한다면, 리터니Returnee(영미권 초등학교, 중학교에서 유년기를 보내고 온 학생)는 상위권에 머물러야 한다. 하지만 경험상 '이건 절대 맞는 말'이라는 말이 나오지 않는다. 엄청난 노력으로 여러 과목을 공부했을 때 점수가 잘 나온다. 한마디로 책 읽기와 영어 점수의 연결고리는 딱히 탄탄하지 않다는 의미다.

둘째, 앞서 말했듯 원서를 읽는 것은 평생 취미다. 원서 읽기는 책 읽는 즐거움을 위해 하는 행위이며, 입시를 위해서는 분석하며 읽어야 한다. 학업에 필요한 기술을 닦기 위한 기초 작업인데 이를 지금 아니면 하지 못한다는 생각으로 원서 읽기에만 매몰되면 위험하다.

원서를 분석하며 읽는 작업은 굉장히 의미가 있다. 이를 위해서는 학습적인 접근이 필요한데 이 과정 없이 흥미를 위한 읽기는 입시를 목표로 할 때 무리가 있다.

예를 들면 중학생 아이가 《Harry Potter》를 못 읽는 건 성적에 큰 지장을 주지 않는다. 하지만 내신 외부 지문에 나오는 스티브 잡스의 스탠포드 대학 졸업 연설문을 읽고 이해하지 못한다면 이건 문제가 된다. 유창하게 자기 생각을 말하지 못하는 것은 점수에 큰 지장이 없다. 하지만 챗지피티ChatGPT와 관련한 뉴스를 읽고 자기 생각을 한 단락 정도 쓰지 못하는 것은 점수에 영향을 준다. 원서 읽기는 영어 습득을 위한 도구이자 평생 취미로 생각하는 편이 낫다.

셋째, 아이들은 고학년이 되면 원서 읽기를 크게 즐거워하지 않는다. 일부 정말 책 읽기를 사랑하는 아이들을 제외하고는 말이다. 시간적 여유가 있을 때 원서를 보면 가장 좋지만, 이건 아이가 책에 대한 흥미가 있을 때 가능한 일이다.

책 읽기로 통하는 영어 학습은 딱 초등학교 4~5학년까지 괜찮지만 현실은 그렇지 않다. 이 부분을 초등학교 학부모들은 꼭 알아야 한다. 왜 많은 부모가 이런 사실을 모를까? 2가지 원인이 있다. 첫째, 상술에 넘어가 영어 교육에 대한 이해를 잘 못한 거다. 특히 초등학교 1~2학년은 학원과 여러 영어 교육 '상품'을 파는 상술에 넘어가지 말자.

언어학자 스티븐 크라센은 그의 저서 《크라센의 읽기 혁명》에서 언어를 배우는 가장 좋은 방법은 읽기라고 설명했다. "모국어를 익히든 외국어를 배우든 언어를 습득하는 방법은 한 가지다. 바로 읽고 싶은 책을 마음껏 읽는 것이다"라고 강조했다. 맞는 말이지만 이는 순수하게 '언어 습득'만 목적으로 할 때 해당하는 말이다.

우리나라 입시는 특수 상황이다. 크라센은 '스킬 빌딩 하이포테시스Skill Building Hypothesis'라는 가설을 반대하는데, 'Skill Building'이란 단어를 외우고 문법을 배워 이를 활용해 읽고 쓰는 방식을 말한다. 하지만 입시에 성공하려면 'Skill Building' 없이는 고차원의 학업 성취도를 이루기 힘들다. 고난도 독해에 필요한 문법과 어휘 실력은 이 기술로 실력이 쌓인다. 책 읽기만 하며 초등학교 시절을 보내는 건 이론만 믿으며 편안한 시간을 보내는 안이하고 순진한 일이다.

둘째, 패자부활전 심리다. 지금 초등학교 부모 나이 즈음이면 중학교에 진학해 알파벳 대소문자를 배우던 시절이다. 또는 그보다 조금 젊다면 초등학교 때 파닉스를 공부했을 것이다. 내가 어렸을 때 못했던 한을 풀듯 우리 아이는 영어 원서를 술술 읽게 하고 싶은 마음, 모르는 것은 아니다. 아이가 《Harry Potter》나 《How to Train Your Dragon》 같은 원서에 빠져 온종일 책을 읽고 있는 장면을 상상해보자. 뿌듯하고 어깨가 으쓱댈 것이다. 하지만 그렇다고 해서 시험 영어 점수와 연관 지어 생각하면 안 된다.

시험에서 요구하는 건 언어를 얼마나 자연스럽게 구사하느냐가 아니라 읽어낸 내용을 가지고 사고해야 한다. 이건 국내 입시뿐 아니라

만국 공통이다. 시험이라는 것 자체가 원래 그렇지 않은가? 하지만 책으로 이 정도 사고하려면 무엇이 필요할까? 인지, 물질적으로 나눠서 살펴보겠다.

제대로 하는 원서 읽기 방향

인지적인 부분	물질적인 부분
− 영어를 영어로 사고하는 능력 − 분석할 수 있는 능력(캐릭터 분석, 줄거리 분석 등) − 콘텐츠를 자신의 생각으로 가공하는 사고력, 자기만의 생각, 의견으로 정리하는 능력 − 아는 어휘와 모르는 어휘를 구분하는 능력	− 독후 활동을 할 수 있는 보조 자료 정리된 어휘 리스트 − 캐릭터 분석, 플롯에 대한 이해를 돕는 다이어그램 − 생각을 정리하는 쓰기 부분 − 첨삭해줄 수 있는 지도자

　　나도 영어를 잘하고 싶어서 피나는 노력을 해본 경험자로서 한국 사람이 영어 배우기란 외계어 배우는 것이라고 생각할 정도로 쉽지 않다. 우리말과 영어는 달라도 너무 다르다. 우리나라 사람이 일본어를 배우면 어순도 비슷하고 심지어 한자를 기본으로 해 배우는 데 이점이 많다. 영어와 프랑스어도 마찬가지다. 같은 어근에서 시작했기에 프랑스어 단어 생김새를 보면 영어 단어가 보인다. 하지만 우리말과 영어는 어떤가? 이건 마치 아이들 입장에서는 외계어를 배우라는 것과 같은 이치다. 어순도 거꾸로지, 어휘도 우리말과 아무런 연관 고리가 없다. 그럼 어떻게 해야 할까? 보조 바퀴를 달아야 한다. 어휘,

글의 규칙인 문법 등 이런 요소를 떠먹기 좋게 만들어놓은 방법을 취해야 전략적이고 효과적으로 목표를 성취할 수 있다.

자유롭게 책 읽기만 시키면 가장 문제는 학습 습관이 잡히지 않는 것이다. 물론 즐거운 책 읽기는 생각만 해도 행복한 말이다. 하지만 이건 마치 직장인이 "상사 없고, 내 맘대로 휴가를 쓸 수 있는 직장에 다니고 싶어요"라고 말하는 것과 같다. "시험 준비할 필요 없이 내 맘대로 시간을 쓰는 공부를 하고 싶어요"라는 말과 무엇이 다른가.

물론 책 읽기도 계획을 짜서 체계적으로 할 수는 있다. 하지만 책 읽기 본연의 목적이 무엇인가? 독서의 즐거움 아닌가. 말 그대로 독서는 즐거운 활동이다. 하지만 공부도 즐거운가? 그렇지 않다. 공부와 학습은 훈련해야 한다. 적정선의 훈련 없이는 성취하기 힘들다. 아무런 습관과 계획, 독해 활동이 없는 책 읽기를 100번 해도 영어 공부와는 다른 활동이다.

초등학교 5~6학년이 되자 갑자기 시간표를 세워 읽기, 듣기, 문법, 어휘, 쓰기 공부를 시키려고 하면 아이들은 몸살 난 사람처럼 군다. 이미 습관를 잡는 시기를 놓쳐서 몸살과도 같은 고통을 겪어야 영어 공부를 시작하는데 이건 아이들한테 너무 힘든 일이다. 효과도 미미하다. 아이들을 탓할 게 아니다. 방향 설정을 잘못한 부모 탓이다. 우리나라에서 대학 입시를 치르지 않을 거라면 괜찮지만 학습을 위한 영어를 갑자기 하려면 너무 힘들다. 그래서 초등학교 1~2학년부터 습관을 붙여줘서 차근차근 하는 게 제일 낫다고 본다.

학년	추천 책	책 소개
초등 1~2 학년	《Bricks Reading》 시리즈 (Bricks)	– 읽기 베스트셀러 – 난이도, 구성, 흥미도 무난
	《Easy Link》 시리즈 (NE능률)	– 읽기 입문자에게 적합
초등 3~4 학년	《Insihgt Link》, 《Subject Link》 시리즈 (NE능률)	– 비문학 입문자에게 적합
	《Read It》 (NE능률)	– 기본에 충실한 책 – 읽기 기술에 중점 – 코너 구성도 간단해 초보자에게 적합
초등 5~6 학년	《Reading Highlight 1~3》 (월드컴 ELT)	– 세계에서 일어나는 일에 대한 지문 – 지문 난이도 상 – 숙련자에게 적합
	《Junior Reading Expert 1~4》 (NE능률)	– 문학, 비문학 적절한 조합 – 초등 3~4학년에서 5~6학년 독해로 넘어갈 때 적합
	《Reading Expert 1~2》 (NE능률)	– 구문 분석 기초 훈련에 적합 – 토플식 지문
중학생	《Reading Expert 3~4》 (NE능률)	– 고급 독해의 정석과 같은 책 – 중학생이라면 1~4단계 모두 하는 것을 추천 – 해설이 자세해 혼자 공부할 수 있음
	《첫단추 독해유형편》 (쎄듀)	– 고등 모의고사 입문자에게 적합 – 유형별로 구성되어 있어 유형별로 전략 익히기에 적합
	《첫단추 독해실전편 모의고사 12회》 (쎄듀)	– 유형을 익힌 후 꾸준히 풀면 좋은 책
	《자이스토리 영어 독해 기본》 (수경출판사)	– 고등학교 1학년 수준 모의고사 연습용 책
	《마더텅 20분 미니 모의고사》 (마더텅)	– 매회가 20분 동안 모의고사를 푸는 형식이라 방학 기간에 집중적으로 연습하면 좋은 책

02

흘려듣기와
청독의 차이점

Q "선생님, 너무 속상해서 글 남깁니다. 아이 영어에 투자한 시간이 7년이에요. 아이 2세 때부터 잠자리 독서부터 시작해서 영상 노출을 꾸준히 해줬는데, 현재 초등학교 1학년에 입학했는데 딱히 영어 레벨이 높지 않게 나와서 너무 속상하네요. 뭐가 문제일까요?"

청독Intensive Listening을 하지 않아서 그렇다. 백날 흘려들어봤자 아무것도 남지 않는다. 물론 영어와 친숙해지기 위해 자연스러운 노출을 유아기에 해주는 것은 좋다. 하지만 흘려듣기만으로는 아이의 듣기 실력을 높일 수는 없다. 흘려듣기와 청독, 즉 집중해서 듣는 활동은 다르기 때문이다.

흘려듣기는 소리 노출의 한 방법으로 꼭 집중하지 않더라도 아이 귀에 영어 소리가 들리게 소리를 노출해주는 방법이다. 주로 영유아기에 그림책, 리더스북, 애니메이션 등을 노출한다.

청독은 '잠수네 영어'에서 '집중듣기'로 표기하며 정식 용어처럼 굳혀졌지만 청독이 더 정확한 표현이다. 음원을 들으며 동시에 책을 읽는 방법이다. 소리를 통해 이해한 내용을 글자와 연결해볼 수 있어 소리와 의미를 이해하고, 이어서 말하기 훈련에도 도움이 된다. 읽기와 듣기가 더 유창해지고 정확도도 높아진다.

"밥 먹었나?" "밥 먹었노?" 무엇이 맞을까

10여 년 전 〈무엇이든 물어보세요〉라는 TV 프로그램에서 실험을 했다. 경상도 사투리 중에 "밥 먹었나?"가 맞는지 "밥 묵었노?"가 맞는지 대구시 동성로 한복판에서 대구 시민을 대상으로 투표를 했다. 대구에서 태어나 자란 원주민들은 거의 모두 어미가 '나'로 끝나는 게 옳다고 답했다.

이유를 설명해달라고 진행자가 물었지만, 아무도 속 시원한 이유를 대지 못했다. 원래 그냥 그렇게 쓰는 거라고 했다. 외려 당연한 걸 왜 묻냐는 반응을 보였다. 그때 '짜잔' 하고 국어학과 교수님이 출연하여 "Yes or No의 답을 구하는 질문의 경우는 '~나'가 맞으며, 언제, 누구, 어디와 같은 의문사로 시작하는 경우, '~노'가 맞습니다"라고 원리를 설명했다. 의문사일 경우에만 '~노'로 끝나야 한다는 것이다. "뭐 먹었노?" "어디 갔다 왔노?" 이렇게 말이다.

정답을 맞힌 대구 시민은 '흘려듣기'의 달인이었고, 원리를 알고 이유를 설명할 수 있었던 국어학과 교수님은 '청독'의 달인이었던 거다. 흘려듣기와 청독은 이런 차이가 있다.

짧고 간단한 말 정도는 흘려듣기로 들린다. 하지만 토플 듣기를 할 경우 흘려듣기로는 안 들린다. 독해를 공부하듯 집중해서 들어야 들린다. 흘려듣기 한 것을 학습 연차로 치거나 레벨 테스트를 보는 기초가 되리라 기대하면 안 된다.

나 어렸을 때 부산에 살았어.
When I was young, I lived in Busan. (×)
I grew up in Busan. (○)

나 지금 위험해.
I'm dangerous. I'm a danger. (×)
I'm in danger. I'm in trouble. (○)

위와 같은 콩글리쉬를 쓰지 않으려면 많이 들어야 한다. 원어민 같은 발음과 억양은 아니어도 논리적으로 내 이야기를 할 수 있는 문장 구사력과 수준 높은 말하기를 하기 위해서는 듣기 공부는 필수다. 들

을 수 있는 말만 말할 수 있다. 논리적으로 말을 하려면 듣기 공부를 한 후 문법, 어휘, 청크Chunk(하나의 의미를 가지는 말의 덩어리) 등 모든 것에 살이 붙어야 기초 수준이 되니 이후에도 계속 듣기 공부를 해야 한다. 읽기도 마찬가지다.

유아기에 흘려듣기를 한다고 아침에 눈을 뜬 후부터 밥 먹을 때도 틀어놓고, 놀 때도 틀어놓고, 잠들기 전까지 계속 아무 콘텐츠나 틀어놓는 부모들이 정말 많다. 인풋이 충분치 않은 상태에서 24시간 흘려듣기만 계속하는 일은 정말 비효율적인 방법이다.

물론 영유아기에는 아직 청독할 여러 조건이 갖춰져 있지 않아서 흘려듣기를 할 수밖에 없다. 하지만 초등 학교 입학 후부터는 청독 훈련이 큰 도움이 된다. 청독의 중요성을 설명하는 사례를 살펴보자.

- 파닉스 과정 없이 그냥 책을 읽는 경우
- 어학연수, 유학을 다녀와도 한마디도 못 하는 경우
- 미국 드라마, 영화, 디즈니 시리즈를 많이 틀어 놓았는데도 영어 레벨이 오르지 않는 경우

파닉스 과정을 거치지 않고 저절로 글을 깨치는 영특한 아이들이 많다. 하지만 정말 저절로 깨친 걸까? 아니다. 집중적으로 읽고, 듣는 과정에 규칙을 깨친 거다. 모든 언어에는 규칙이 있다. 수준에 맞는 글을 소리 내어 많이 읽다 보니 소리와 글자가 반복되어 일치한다.

"유레카! 이게 규칙인가 보다."

파닉스 규칙을 단계별로 배우지 않아도 스스로 그 안에서 일정한 공통점을 발견하고 글을 깨치는 경우다. 개인의 학습 성향 차이도 작용하겠지만, 정독과 청독의 합작품이 만들어낸 결과라고 보면 된다.

어학연수나 유학을 해도 말을 하지 못하는 안타까운 경우가 정말 많다. 내가 운영했던 학원에도 단기 어학연수를 가는 아이들이 방학마다 두세 명은 꼭 있었다. 하지만 학원에서 2~3년 정도 함께 공부하면 어느 순간 어학연수를 가겠다는 이야기가 쏙 들어간다. 왜일까?

임계치에 다다를 정도의 인풋 없이는 원어민과 아무리 대화해봤자 '말할 거리', '말할 능력', '말할 논리'가 없다는 사실을 깨달은 거다.

어학연수는 영어로 말할 능력이 어느 정도 돼야 가는 것이 좋다. 하고 싶은 말을 만들어보는 경험치가 쌓여서 가야 효과가 있다. 학기 중에는 열심히 공부하다가 어느 정도 늘었나 테스트해보고 싶어서 아이를 어학연수를 보낸다거나, 함께 단기 연수를 다녀오는 일은 학습에 대한 이해도가 정말 낮다고 볼 수밖에 없다. 장기적인 안목으로 인풋 기술을 먼저 쌓자.

미국 드라마나 영화, 애니메니션으로 공부하는 학생이 많다. 특히 대학생들이 그렇다. 미국 문화권을 경험하고 다양한 상황을 접할 수 있는 좋은 콘텐츠인 건 확실하다. 하지만 이 방법이 제대로 효과를 보려면 그냥 듣고 보기만 해서는 모자란다. 어떻게라도 알아들으려고 노력해야 하고, 비슷한 과정에서 말하는 상황을 설정하고 연습해보아야 한다. 그 과정을 많이 반복해야 는다. 이해를 전제로 한 암기가 반드시 있어야 말할 수 있기 때문이다.

KBS 스페셜에서 '당신이 영어를 못하는 진짜 이유'라는 다큐멘터리를 방영한 적이 있다. 내용은 이렇다.

제2차 세계대전 당시 미국의 육군성에서는 사람들에게 프랑스어, 독일어를 빨리 습득시켜야 했다. 그래서 다음과 같은 방법으로 군인들에게 외국어를 습득시켰다. 군인 한 명당 원어민 선생님 두 명이 하루에 20시간씩 6개월 동안 묻고 답하기를 반복했다. 계속되는 질문 공세에 군인들은 생각할 틈 없이 빠르게 대답해야 했다.

이렇게 6개월을 했더니 의사소통에 막힘이 없을 정도로 외국어를 구사하게 되었다. 말하기와 듣기에 집중한 거였다. 말하기와 듣기를 암기하며 많이 연습했다. 암기해야 할 표현과 대화가 많았고 이 연습을 반복했다. 단어를 정확히 말할 수 있을 때까지 연습에 연습을 계속했다.

청독과 청취, 모두 경험이다

이 경험을 내 것으로 만들려면 연습과 반복을 해야 한다. 내가 말을 하기 위해 익혔던 것을 떠올려야 경험이 되고 내 것이 된다. 시간이 지날수록 내가 할 수 있는 말이 쌓여야 한다. 그러면 소통 능력이 좋아진다. 다음과 같은 절차는 이를 돕는다.

청독과 청취 공부법

- 따라 할 말을 찾는다. 초등학교 1~2학년일 경우 챕터북이 좋다.
- 말을 들어보고 무슨 뜻인지 파악하려고 노력한다.
- 대본을 확인하면서 잘 못 알아들었던 부분을 해설, 강의, 사전 등을 동원해 이해한다.
- 생소한 단어나 어구들은 따로 사전을 이용해 정리한다.
- 소리를 들으면서 의미와 상황을 곱씹어보면서 그대로 따라서 말해 입에 붙인다.
- 영어로 말하고 영어로 글을 쓰는 것을 자주 한다. 반드시 대본이나 스크립트가 있어야 한다.
- 어떻게라도 알아들으려고 노력한다. 내가 이런 상황에 노출되면 똑같이 말할 수 있는지 되새기며 따라 해본다. 써먹을 법한 표현이나 단어는 입으로 외워서 암기한다.

이 과정을 많이 반복한다. 이해를 전제로 한 암기가 반드시 있어야 의미가 있다는 점을 잊지 말자. 앞 사례의 군인들처럼 20시간씩 6개월 동안 훈련하라는 말은 아니다. 위의 방법 중 아이의 나이와 영어 수준을 고려하여 적절한 방법을 활용해보길 바란다.

골라줄게 영어책

학년	추천 책	책 소개
초등 1~2 학년	《Bricks Listening》 Beginner 150~High Beginner 200 (Bricks)	– 원어민의 속도, 발음, 억양
	《Listening stage》 시리즈 (NE능률)	– 기본적인 속도와 발음 – 목소리 다양함, 귀여움
	《Listening Cue》 (A List)	– 아이들이 좋아할 만한 소재
초등 3~4 학년	《Bricks Listening》 Intermediate 250~250 (Bricks)	– 받아쓰기 훈련에 적합 – 연음과 강세가 가장 실제와 가까운 책
	《Listening Juice Jump》 시리즈 (A List)	– 받아쓰기 훈련에 적합 – 책 구성이 지겹지 않음 – 적절한 양
	《Listening Season, Planner》 시리즈 (NE능률)	– 받아쓰기 훈련에 적합 – 책 구성이 지겹지 않음 – 적절한 양
초등 5~6 학년	《Master TOEFL Junior》 (월드컴)	– 고급 청취 수업을 원하는 학생에게 적합 – 고학년 상급자에게 적합
	《Listening to the News》 시리즈 (Compass)	– VOA 뉴스 원문을 그대로 듣기용으로 만든 책 – 뉴스 청취 훈련에 좋음 – 내용이 아카데믹하여 아이들이 조금 지겨워함
	《Target Listening with Dictation》 시리즈 (Compass)	– 난이도 상 – 받아쓰기 난도가 있는 편이라 초등학교 5~6학년 상위권 학생에게 적합
	《ALL About TEPS 청해》 시리즈 (이퓨처)	– 난이도 상 – 외고, 특목고 입시 준비에 적합
	《TEPS 급상승 이정로의 논리청해》 시리즈 (반석출판사)	– 난이도 상 – 외고, 특목고 입시 준비에 적합
	《Hackers TOEFL Listening》 (해커스 어학연구소)	– 난이도 상 – 외고, 특목고 입시 준비에 적합

학년	추천 책	책 소개
중학생	《자이스토리 중등 듣기 총정리 모의고사》 (수경출판사)	− 초등학생 때 듣기 훈련이 덜 된 학생에게 적합
	《빠르게 중학 영어듣기 모의고사 20회》 (쎄듀플러스)	− 본격 중등 수준 듣기 훈련에 적합 − 모의고사 형태
	《첫단추》, 《파워업》, 《수능실감》 모의고사 시리즈 (쎄듀플러스)	− 모두 고등 수준 모의고사 문제집 − 고등 모의고사 훈련용

03

문법을 공부하면
좋은 점

Q "말하기를 제대로 하려면 문법을 무시하고 영어와 친숙하고 재미있게 자기 의견을 말하게 하는 것이 도움이 되지 않나요? 어렸을 때는 문법을 무시하고 말하기 위주로 학습하고 싶은데 어떨까요?"

일부 맞는 말이다. 머릿속에서 문법을 너무 신경 쓰는 것보다 한마디라도 더 말하게 하는 게 낫지 않느냐는 취지의 물음일 것이다. 하지만 이 말이 많은 부모 사이에서 '문법 공부가 필요 없다'는 식으로 와전된 것이 문제다.

'AR 1점대 도달하기' 강연을 한 적이 있었다. 어떻게 읽기, 듣기를 집중적으로 해야 하는지에 대한 내용이었다. 마지막 질의 응답 시간이 되자 이런 질문을 받았다. "이번 여름방학 때 원어민 선생님이 운영하는 단기 집중 말하기 캠프에 신청하려는데 어떻게 생각하세요?" 실력을 많이 쌓은 상태라면 좋다고 말씀드리려고 아이의 학습 상황을 물어보았다. 나는 'AR 4점대 정도 되나?' 싶어 1학년인데 단기 캠프를 보낼 정도라니 당연히 아웃풋을 연습할 수준이라고 생각했다. 그런데 어머니의 대답은 내 예상을 빗나갔다. "이제 파닉스를 마쳤는데요. 아이한테 영어에 대한 흥미를 높여주고 싶어서 참가하려고 해요."

내 친구라면 당장이라도 말리고 싶었다. 조심스레 돌려 말했다. "그러시군요. 지금은 읽기, 듣기, 기초 문법, 기초 쓰기 훈련 등 차근차근 나누어 인풋을 먼저 하는 걸 추천드려요." 문법은 초등학교 1~2학년부터 해야 한다. 초등학교 3~4학년부터는 필수이고, 5~6학년부터는 입시 문법으로 방향을 바꿔 학습해야 한다.

문법은 더 나은 영어 실력을 위한 성장 여정

'10년 전이나 20년 전이나 문법 공부를 아무리 해도 말 한마디 못하는 건 똑같은데 문법 공부를 해야 할까?'

'듣기, 말하기 실력이 유창하고 영어를 쓰는 환경에서 자랐는데도 문법 공부를 해야 할까?'

답은 모두 '그렇다'이다. 문법을 공부하면 좋은 점이 많다. 문법은 중학교 이후부터 정규 교과과정에 나온다. 현 입시제도에서 상당 부분을 차지한다. 이것만으로도 문법을 공부해야 하는 이유는 충분하지만 그다음 이유도 중요하다.

전반적인 영어 실력 향상에 도움이 된다. 어느 순간 읽는 실력이 올라가지 않거나, 읽기 실력이 딱히 좋지 않은 학생일 경우 특히 그렇다. 고난도 독해를 잘 못하는 대표적인 이유가 글의 구조를 한눈에 파악하는 실력이 되지 않기 때문이다. 문법과 구문을 공부하면 처방이 된다. 문장 구조를 보는 능력은 후에 대학 수준의 학술 서적이나 고난도의 글을 읽을 때 밑거름이 된다. 기초 문법을 알아야 구문 훈련을 할 수 있고, 구문을 알아야 읽기를 잘한다.

문법은 생각보다 입시 외에도 활용할 수 있는 부분이 많은 영역이다. 문법 공부를 단순한 구식 공부라고 치부해버리는 일은 없어야 한다. 피할 수 없다면 즐기라고 하지 않았던가.

영어책만 읽어도 4대 영역 모두 잡히는 아이들이 있다. 책을 많이 읽어서 자기 생각을 몇 단락으로 줄줄 쓰거나, 〈테드〉나 〈넷플릭스〉에 나오는 영어를 자막 없이 모두 이해할 수는 있다. 하지만 내신이나 수능 영어를 반드시 잘한다는 보장은 없다. 하나로 두 마리의 토끼를 잡지 못한다.

언어 감각이 좋아서 영어 읽기 같은 실용 영어 기술 하나로 입시까지 성공하는 친구들도 있긴 있다. 분명히 문법을 안 보고도 우리나라 교육과정이나 입시에서 요구하는 것을 할 수는 있다. 하지만 그렇게 하려면 언어 능력까지 최상 수준이어야 한다. 더불어 아주 어렸을 때부터 인풋이 어마어마하게 많이 들어가야 한다. 매우 극소수의 경우라고 보면 된다. 15년 동안 많은 아이를 만났지만 딱히 뚜렷한 사례는 없었다.

아주 극소수의 사례를 보고 무모한 도전을 해서는 안 된다. 학원을 운영하기 전에는 경기도 분당 내 공립초등학교에서 영어 회화 전문 강사로 2년간 일했다. 그때 아이들도 학습 충격을 받듯 나도 문화 충격을 받았다.

어학원에서 상위권만 가르치다 학교에서 교과서를 가르치려니 학습 격차가 너무 커서 당황스러웠다. 영어 실력 격차는 학년으로 따지면 족히 3~4년은 됐다. 심지어 내가 근무한 지역은 교육열이 평균 이상인데도 이 정도인데 전국 단위로 따지면 더할 것이다. 그때 나는 교과서를 가르친 후 어학원에서 3학년 학생들이 하던 기초 문법 교재로 문장의 규칙과 틀을 가르쳤다.

아이들의 인풋 양에는 큰 차이가 있다. 인풋이 아주 어렸을 때부터 많이 들어간 친구가 아니라면 일반적으로는 초등학교 5~6학년에서 문법을 접해야 중학교에 입학해서도 영어에 대한 심리적인 부담이 생기지 않는다. 내 아이가 평균 레벨의 학습자라면 영어 읽기만으로는 영문법을 잡을 수는 없으니 병행하는 것이 좋다.

늦어도 초등학교 6학년에서는 문법 공부를 시작해야 한다. 초등학생 수준의 인지 능력에 맞는 문법 학습은 유익하다. 중학교에 아이들이 입학하면 중학교 1학년 교과서 본문 지문을 못 읽거나 어려워하는 친구들은 많지 않다. 하지만 단원마다 문법 포인트가 2가지씩 나오는데 이런 문법을 이해하기 어려워하는 친구들은 꽤 있다.

중등 교과과정 중에 문법이 있어서 진도를 나가기는 한다. 하지만 중학교에 들어가서 처음으로 문법을 접했고, 학습력도 탄탄하지 않은 경우를 생각해보자. 게다가 과목은 갑자기 늘어나고 암기할 내용이 많아졌다. 중학교 1학년에서 소위 말하는 '영포자'가 많아지는 이유다.

영어 사교육을 조장하는 말이 아니다. 문법을 너무 늦게 시작하면 아이들만 고생하기 때문에 하는 말이다. 여러 상황을 고려해서 늦어도 초등학교 6학년 겨울방학이나 중학교 1학년에는 교과서 외로 문법 교재를 다루는 편이 좋다. 그렇다면 어떻게 공부하면 좋을까?

학습 목표와 접근법 3단계

초등학교 5학년에서 고등학교 1학년까지 3단계로 나누었다. 학습 목표와 공부법을 알아보자.

STEP 1 초등학교 5~6학년

그림이나 자세한 설명으로 개념을 이해하는 단계다. 한자식 문법 용어는 몰라도 좋다. 아주 기초적인 문법 규칙과 쓰임을 익힌다.

학습 목표

- 문장 구조와 어순 감각을 익혀 읽기, 듣기, 쓰기, 말하기 등 전반적인 언어 감각을 끌어올린다.
- 왜 그런지 정확히 이유를 설명하지 못하더라도 '그냥 왠지 이렇게 쓰는 게 맞는 것 같다'라는 감을 기른다.
- 올바른 형태와 쓰임새Form and Function에 대한 개념을 이해한다.

문법 공부도 결국엔 4대 영역이 다 함께 올라가도록 하는 공부다. 규칙만 공부하는 것은 아니다. 문법책을 보면 읽기, 쓰기 등 여러 영역 전반을 훈련하도록 설계되어 있다.

특히 단계가 낮다면 문법과 쓰기 교재를 한 권으로 통일해 학습할 것을 권한다. 문법 공부를 하며 쓰기가 되고, 쓰기 공부를 하며 문법이 되기 때문이다. 개념이 어려울 수 있다. 초등학생은 그림이나 글로 설명을 아주 쉽게 잘 풀어놓은 책이나 수업을 선택하자. 쓰임을 읽히며 공부하면 된다.

STEP 2 중학교 1~2학년

용어를 읽히면서 개념을 완벽하게 이해하는 단계다. 한 주제의 개념을 손으로 쓰거나 입으로 설명할 수 있을 정도로 공부한다.

학습 목표

- 내신 영어, 기초 문법을 다지고 심화 문법을 잡는다.
- 해당 학년 교과서에 나오는 문법 포함, 전체 문법 2회독하는 것을 목표로 한다.

중학교 2학년 1학기 교과서(YBM 박) 문법 진도

1단원: to부정사, 접속사

2단원: 의문사 + to부정사, 원급 비교

3단원: 사역동사, 조건 접속사 if

4단원: 주격관계대명사, something + 형용사

5단원: 수동태, so~ that

6단원: It~ to 부정사, not only A but also B

7단원: ask/ want/ tell + 목적어 + to부정사, 목적격관계대명사

8단원: 현재완료, 조동사 may

중학교 3학년 1학기(YBM 박) 문법 진도

1단원: 강조의 do, 관계대명사 what

2단원: 현재 완료 진행형, 현재분사

3단원: It ~ that 강조 구문, have + 목적어 + 과거분사(p.p.)

4단원: 의미상의 주어, 가정법 과거

5단원: 과거완료, so that과 in order that

6단원: 관계대명사 계속적용법, 형용사 + to 부정사

7단원: 관계부사, The + 비교급, the + 비교급

8단원: 분사구문, be동사 + worth + ~ing

9단원: I wish 가정법 과거, 의문사가 없는 간접의문문

중학교 2학년 영어 교과서의 1학기 문법 범위를 살펴보자. 1단원

당 2개씩 문법 포인트가 있다. 1년에 총 16개의 문법 주제를 배운다. 해당 학년의 내용만 완벽히 알고 가는 걸 목표로 잡아도 좋다. 3학년 문법 범위를 살펴보자. 관계대명사, 사역동사, so~ that 구문 등 고등학교에 가서도 나오는 문법 지식이 수두룩하다. 해당 학년의 문법만 완벽히 알아도 성공이다. 단, 문제 풀이보다 개념을 암기하는 것을 우선순위에 두고 공부해야 한다.

교과서 기준 문법과 일반 시중 문법 문제집은 다른 점이 있다. 일반 시중 문법 문제집은 문법이 1부터 10까지라면 1부터 10을 순서대로 공부하게 되어 있다. 문법 개념이 서로 연결되어 있다.

예를 들어 현재완료와 분사를 알면 수동태가 쉬워지고, to 부정사를 알면 동명사가 쉬워지는 원리다. 시중의 책들은 이런 개념 간 이해가 쉽도록 순서대로 되어 있어서 시리즈물로 레벨1에서 레벨3까지 나오지만, 교과서 문법은 그런 순서가 없다. 단지 1학년 때 기초 개념, 2학년 때 다음 진도 이런 식이다. 따라서 교과서로만 문법을 정리하기에는 아이들 관점에서 이해하기가 쉽지 않을 수 있다.

문법서는 생소하기도 하고 워낙 개념이 어려운 부분도 있어서 정말 쉽게 설명하는 교재를 선정하는 것이 좋다. 그래야 중도에 포기하는 확률이 낮아진다.

선생님이라면 모두 공감할 이야기지만 보통 아이들이 문법 1에서 3은 수월하게 하는데, 뒷부분 4에서 10까지 범위는 늘 잘 모른다. 앞부분만 보다가 중간에 포기해서 그렇다. 개념 간 연계성을 이해하며 반드시 끝까지 공부하는 걸 추천한다. 131쪽에 2학년과 3학년 교과서 문법 진도를 함께 실었으니, 최소 2학년 2학기에는 3학년 진도를 예습하자.

STEP 3 중학교 3학년

중등 과정의 모든 진도를 총정리하여 내 것으로 만드는 단계다. 할 수 있으면 고등 어법 기초 수준까지 하면 좋다.

학습 목표

- 중등 수준의 문법을 총정리해 고등학교에 가서 중등 문법을 반복하는 일을 방지한다.
- 고등 수준 기초까지 선행은 선택이다. 고1 모의고사 어법 문제를 풀 수 있을 정도까지 만든다.

'중학교 3학년은 고등학교 3학년'이다. 중3도 고3만큼 중요하다는 말이다. 이 단계에서 해야 할 일은 딱 하나다. 중등 수준 문법을 총정리하여 고등학교에 가서 중등 문법을 반복하는 일을 절대 없도록 해야 한다. 가장 빠른 선행 학습은 같은 과정을 반복하지 않는 것이다. 욕심 내지 말고 중학교 수준의 영문법을 완벽히 잡고 고등학교에 가야 한다. 고등학교부터는 중학교 수준의 문법을 모두 안다는 전제하에 수업을 진행하기 때문이다.

조금 더 할 수 있는 학생은 고등학교 기초 수준의 어법을 보면 좋다. 어법이란 의미를 읽어내기 위한 문법이다. 문법 지식을 묻는 문제도 있지만, 맥락상 이런 문법으로 쓰이면 되는지, 어떻게 쓰느냐에 따라 뜻이 달라지기에 독해 안에서 문법을 묻는 것이 어법이다.

그럼 우리 아이가 중등 문법을 총정리해야 되는지, 고등 어법 기초를 다져야 되는지 어떤 기준으로 판단하면 될까? 고등학교 1학년 3월, 6월 모의고사를 풀어보면 안다. 19번부터 어법 문제가 2~3개 정도 나온다. 기출문제를 '좀 풀 수 있겠다', '알쏭달쏭 한 게 있지만 푸니까 풀린다' 이런 정도면 바로 어법 기초 책을 보면 된다.

오답 유형 및 해결 방안

문제점	해결 방안	추천 수업
용어를 이해하지 못한다.	개념을 이해한다.	개념 노트를 정리하고 암기 시험을 본다.
교재는 다 맞는데 시험을 보면 점수가 안 나온다.	개념을 체화시킨다. 심화 개념을 이해한다.	개념서가 아니라 심화 문제를 푼다.
전 범위 문제를 골고루 다 틀린다.	응용력을 키운다. 목차 정리법을 익힌다. 개념 간 연결을 훈련한다.	독해서 목차, 소주제, 소개념을 백지 노트에 적어가며 공부한다.
특히 서술형을 많이 틀린다.	조건 영작을 훈련한다. (문법 진도상 뒷부분에 해당)	서술형 문제를 집중 풀이한다.
고난도, 고배점 문제를 틀린다.	문법과 독해 연결이 안 되는 경우 구문을 훈련한다.	구문을 훈련한다.

영어 점수가 같더라도 앞서 설명한 이유로 초등학교 3~4학년과 5~6학년이 해야 할 공부의 종류가 다르다. 추천한 교재들은 영어 수준과 학년으로 분류했다.

학년	추천 책	책 소개
초등 1~2 학년	《My First Grammar》 시리즈 (이퓨처)	– 처음 문법을 배우는 초등 저학년에게 적합 – 나선형 커리큘럼으로 기초 문법 포인트 반복, 누적 학습하기 적합
	《The Best Grammar》 시리즈 (A List)	– 처음 문법을 배우는 초등 저학년에게 적합 – 나선형 커리큘럼으로 기초 문법 포인트 반복, 누적 학습하기 적합
초등 3~4 학년	《Grammar Club》 시리즈 (Ladder)	– 그림을 통해 이해하는 책으로 스킬북을 처음 시작하는 초등 저학년에게 적합
	《My Next Grammar》 시리즈 (이퓨처)	– 처음 문법을 배우는 초등 저학년에게 적합 – 나선형 커리큘럼으로 기초 문법 포인트 반복, 누적 학습하기 적합
	《초등 Grammar Inside》 시리즈 (NE능률)	– 많은 양의 문제를 반복 연습하여 문법 기초를 다지는 초등 영문법 – 영어 학습 연차가 짧은 학생에게 추천
	《This is Grammar》 시리즈 (넥서스 에듀)	– 범위를 자세하고 방대하게 다룸, 인기 있음 – 영어 학습 연차 2~3년 이상 학생에게 추천
	《Grammar Form and Function》 시리즈 (McGraw-Hill)	– 문법 수입서, 실용, 입시 영어에 모두 필요한 내용을 다루며 리딩, 라이팅 영역까지 다룸 – 내용과 책 구성이 최상 – 중상위권 이상부터 추천
	《Grammar Explorer》 시리즈 (Cengage Learning)	– 문법 수입서, 실용, 입시 영어에 모두 필요한 내용을 다루며 문장 완성 라이팅 부분이 많음 – 양이 많아서 학습 시간이 오래 걸린다는 단점 – 중상위권 이상 추천

학년	추천 책	책 소개
초등 5~6 학년 ~ 중학교 2학년	《대치동 영문법 3600제 1~3》 상,하 (대치북스)	– 중등 시험 대비 문법 책 – 내용이 방대하지만 정리하기 좋은 책 – 기출 문제를 다수 수록해 정답률 높이는 훈련 하기 적합
	《문제로 마스터하는 중등 영문법》 시리즈 (NE능률)	– 주관식 문제로 개념을 익히게 하는 책 – 내신 기출 유형을 반영하여 내신과 수행평가에 집중 대비하기 적합 – 초급자에게는 적합하지 않음

	《Grammar Inside
	starter, 1~3》 (NE능률)
		– 레벨과 무관하게 중등 대비에 두루 무난한 책
		– 현행 교육 과정과 최신 문법 학습 경향에 맞춘
		  목차 및 내용 구성
		– 설명이 간결 명확
		– 서술형, 기출 등 다양하게 맛보기식으로 훑을
		  수 있음

	《진짜 잘 이해되는 중학
	영문법 1~2》
	(좋은책 신사고)
		– 개념 설명이 친절하며, 우리말 설명이 잘되어
		  있어서 문법을 정말 어려워하는 학생에게 추천
		  할 만한 책

	《Grammar Bridge》
	시리즈
	(넥서스)
		– 유형이 다양함(단답형, 서술형, 오류 파악형, 문장완
		  성형, 선다형)
		– 위 설명, 아래 문제식의 구성으로 집중도 높이
		  기 좋은 책
		– 부가 자료(통문장 영작, 진단 평가, 단어 리스트)가
		  풍부함

	《기출로 적중 해커스
	중학영문법》
	(해커스 어학연구소)
		– 단계별로 난도 높이는 식의 구성
		– 치밀한 구성으로 많은 양의 문제를 풀어보기
		  적합
		– 학원 특강에 많이 활용되는 책(중학교 2~3학년
		  이 문법이 안 잡혔다면 3주 동안 해당 학년 단계를 풀
		  어보는 것을 추천)

	《자이스토리 중학 영문법 총정리 중1 2304제》 《자이스토리 중학 영문법 총정리 중2 3459제》 《자이스토리 중학 영문법 총정리 중3 3275제》 (수경출판사)	– 삽화와 대표 예문이 잘되어 있음 – 교과서 문장이 많이 출제되어 있어서 내신 대 비에 적합 – 답지 설명이 잘되어 있어 혼자 공부하기에 적합

학년	추천 책	책 소개
중학교 3학년 ~ 고등학교 1학년	《중학 영문법 총정리 모의고사》 시리즈 (NE능률)	– 개념 정리가 끝난 후 문제 풀이만 할 때 적합 – 빈출 오답 문제 유형 많아서 정답률 높이기 좋음
	《기출로 때려잡는 영문법》 시리즈 (이투스북)	– 전국 3000개 중학교 기출문제를 90개 패턴으로 정리해 예문을 수록 – 교과서 예문 중심으로 이루어짐
	《잘 풀리는 영문법》 시리즈 (쎄듀)	– 최다 빈출, 최다 오답 문제를 토대로 입시의 핵심을 잘 짚은 문법 교재
	《팬덤 영문법》 시리즈 (워밍업편,실력편,기본편) (중앙에듀북)	– 워밍업, 기본편은 중등 대비에 적합 – 실력편부터 고등 내신 대비에 적합 – 내용이 개념 설명이 거의 없는 편으로 적용력 키우는 단계에서 사용하는 것을 추천
	《첫단추 Basic 문법 어법편 1~2》 (쎄듀)	– 수능 어법 집중 대비서 – 고등 입학 전 수능 어법 기초 훈련하기에 적합
	《진짜 잘 이해되는 고교 영문법 1~2》 (좋은책신사고)	– 고등 영문법 기초서 – 우리말 설명이 풍부하여 이해가 쉬운 게 장점
	《진짜 잘 이해되는 비교 영문법 고등》 (좋은책신사고)	– 헷갈리기 쉬운 영문법 개념끼리 비교해놓음 – 학습 완성도 높이기에 적합

04

쓰기 실력
향상의 비결

Q "선생님, 저희 아이는 아직 쓰기를 할 실력이 안 되는 것 같아서 읽기, 듣기만 하고 있어요. 영어를 늦게 시작한 아이라 쓰기는 아예 배제하고 읽기, 문법, 어휘 이렇게 3개만 공부하려고 하는데 괜찮을까요?"

좋지 않은 학습법이라고 생각한다. 요즘은 쓰기를 꼭 해야 한다. 시험에서 쓰기 영역의 비중이 클뿐더러 영어를 배우는 궁극의 목적이 자기 표현과 의사소통이라는 점을 생각할 때 취지에 맞지 않는다. 요즘 쓰기를 잘 지도할 수 있도록 만든 좋은 쓰기 학습서가 많은데 쓰기 공부를 하지 않는 것은 아까운 일이다. 수능에서 쓰기 실력을 측정하지는 않지만, 내신의 많은 영역, 특히 고배점을 차지하는 어려운 문항이 쓰기이므로 꾸준히 훈련하는 것이 좋다.

아이가 70% 정도 스스로 할 수 있는 수준의 책을 찾자

쓰기는 말하기 영역만큼 부모의 로망이 투영되는 영역이다. 읽기 학습을 설명할 때 강조했던 것처럼 교재의 수준은 아이가 '이해 가능한 수준'이어야 한다. 나는 학원 커리큘럼을 짤 때 아이가 스스로 할 수 있는 수준이 70% 정도 되는 쓰기 책으로 정한다. 이 정도 난이도가 아이가 쓰기 학습을 할 때 지루하게 느끼지 않고, 도전해볼 만한 수준이라 학습하는 재미를 느낀다. 실력도 이럴 때 향상된다.

요즘엔 레벨 표기가 출판사별로 자세히 되어 있으므로 단계가 맞지 않을 경우 과감히 건너뛰거나 낮추기를 반복하며 아이에게 맞는 레벨을 찾자.

정확하게 쓰기만 고집하지 않아도 된다. 어차피 초등학교를 졸업하기 전까지 문장 쓰기 활동은 각 영역과 무관하게 많이 접한다. 또한 어느 정도 과정을 반복하면 눈에 띌 정도로 발전하는 영역이 쓰기다. 단, 처음 한두 번 정도 문장 첨삭을 해줘 올바른 문장에 대해 인식시키는 일을 해야 한다. 실수를 반복하는 것이 좋은 점은 아니지만, 그렇다고 해서 아주 작은 실수를 모두 고치고 넘어가면 아이에게 틀리는 것에 대한 두려움이 생길 수도 있다. '글의 흐름에 맞지 않는다'든지 '이 문장을 생략한다면 글의 구조가 더 튼튼해진다'와 같이 논리와 글의 구조에 대한 첨삭이 아니라면, 단어 단위의 첨삭은 레벨 향상에 중요한 영향을 미치진 않는다.

물론 어휘 선택이 부적절하다든가 철자가 틀렸다든가 하는 문제를 잡아주면 좋지만 부모가 집에서 지도할 때 전문 첨삭이 불가능할 수도 있다. 실력 형상에 큰 영향을 미치는 부분은 아니니 넘어가도 좋다.

문법 규칙을 알아야 오류 없는 문장을 쓸 수 있다. 따라서 대부분 쓰기 책들은 첫 단계에 '오늘 이런 글을 쓸 거야'라는 예시를 보여준다. 두 번째 단계부터는 글을 쓰기 위한 목표어Target Language(외국어 학습에서 학습 대상이 되는 언어)들이 있다. 예를 들면 관계대명사와 접속사를 가르치는 부분이라면, 한 장 분량에 걸쳐 문법 포인트를 설명하고 문법을 적용해 쓰도록 연습 코너를 마련해둔다. 아이들에게 많이 도움이 되는 부분이다.

하지만 주의할 점이 있다. 이는 쓰기를 위한 문법 활동 부분이지 한 장 정도의 분량으로 문법 실력이 좋아지기를 바란다든지, 마지막 단계인 여러 단락 쓰기에 집중하지 않고 문법 연습 단계인 앞부분에 오랜 시간 머물러 있으면 안 된다. 쓰기 연습임을 잊지 말자. 여기서는 '문법 시간에 배운 이런 문법 주제가 쓰기에서는 이렇게 쓰이는구나' 하며 감을 익히고 넘어가야 한다.

단계별 학습 목표와 공부법

우리말로 글 쓰는 일을 생각해보면 쓰기가 어려운 영역임은 분명하다. 글감도 있어야 하고, 아이디어도 있어야 하며, 올바른 맞춤법을 써야 하며, 주어와 술부가 호응이 되는지 등 신경을 써야 할 게 한두 가지가 아니다.

영어로 글쓰기도 마찬가지다. 쓰기 영역 공부법은 총 4단계로 나눌 수 있다. 알파벳과 단어 쓰기, 단일 문장 쓰기, 주제에 맞는 한 문단 쓰기, 여러 단락으로 구성하는 장르별 에세이 글쓰기 단계다.

STEP 1 알파벳과 단어 쓰기 단계

파닉스 과정과 리더스북을 읽기 시작할 때 기초 단어를 배운다. 단순히 단어를 따라 쓰고 받아 적어보는 훈련이다. 다시 말해 '문장을 만들어 쓰기' 보다 단어나 문장을 따라 쓰는 활동을 주로 한다. 이 단계 학습 목표는 단어, 문장과 친숙해지는 일이다. 어떻게 하면 단어와 문장에 쉽게 친숙해질 수 있을까? 자신이 읽고 들은 내용은 친밀하게 느껴질 것이다. 이 단계에서는 기존 읽기 책을 따라 써보거나 책에 나온 단어를 쓰는 훈련이 가장 효과적이다.

보통 AR 1점대 그림책과 리더스북을 읽는 단계이므로, 그림책과 리더스북으로 읽고 들으며 쌓은 인풋을 아웃풋, 즉 단어와 문장 따라 쓰기로 훈련하는 것이다. 이 단계를 공부하는 학생을 둔 학부모들은 꼭 철자를 정확히 써야 하는지 질문을 많이 하는데, 하면 좋다. 최소 3

학년이 되기 전에 쓰기에 대한 거부감을 없애 주고 다음 과정인 문장 쓰기와 연결이 수월해지려면 철자를 정확히 쓰는 훈련은 어릴수록 단계가 낮을수록 하면 좋다.

STEP 2 단일 문장 쓰기

단어 쓰기가 익숙해졌다면 그다음은 문장 구조를 익히는 것을 목표로 지도한다. 문장을 통째로 암기하는 통 암기에 대해 들어보았을 것이다. 문장 통 암기와 똑같은 개념으로 문장도 많이 쓰면 그 안에서 자연스럽게 어순 감각을 익힌다. 문장 안에 많은 요소가 있기 때문이다. 문장 구조, 문법 개념, 어휘 등이 해당한다.

이 단계에서는 대부분의 쓰기 책들이 기초 문법 개념을 가르치기 시작한다. 쓰기 공부를 위한 필수적이고 유용한 영역이다. 문장 구조에 대한 감을 기를 뿐 아니라 이 활동을 반복하다 보면 점차 한 단락 쓰기를 하게 되기 때문이다.

STEP 3 주제에 대하여 통일성 있는 문단 쓰기

이제는 단락의 구조를 이해하고 다양한 종류의 글쓰기를 해본다. 앞선 두 단계가 내용보다 올바른 형태에 맞춘 글쓰기였다면, 세 번째 단계인 문단 쓰기 단계부터는 내용적인 측면을 더 다룬다. 예를 들어 묘사하기, 편지 쓰기, 설득하기 등 같이 다양한 장르에 대해 배우며, 그에 쓰이는 각기 다른 문체를 접한다. 장르뿐 아니라 글의 전개 형식도 다루는데 시간순, 육하원칙, 원인과 결과, 비교와 대조하기 등이 이에 속한다. 여러 장르와 문체에 노출되는 것은 문장의 다양성을 이해하는 데 큰 도움이 된다.

이런 여러 장르와 형식의 글쓰기를 하기 위해 배운 문법을 적용하는 연습을 많이 하며, 배운 문법을 활용해 주어, 동사로만 이루어진 기본 뼈대와 같은 구조에 어구를 붙여가면서 뜻을 더하는 긴 문장 쓰기를 연습한다.

이때 학습자들은 난도가 높아지는 것에 대한 어려움을 겪지만, 가이디드 라이팅Guided Writing 교재를 활용하면 수월하게 학습을 할 수 있다. 가이디드 라이팅은 무엇을, 어떻게, 어느 자리에 써야 하는지 알려준다. 이 단계가 중학교 교과과정에서 요구하는 글쓰다. 마지막 단계인 에세이 쓰기 단계까지 학습하기 부담스러운 학습자인 경우, 세 번째 단계를 목표로 학습해도 좋다.

STEP 4 장르별 에세이 글쓰기

이 단계의 목표는 더 깊은 생각을 요구하는 주제에 대해 글을 쓰면서 올바른 모양의 문단 구성이 가능한 글쓰기를 하는 것이다. 글의 종류와 성격에 따라 달라지는 글쓰기 형식을 이해하고 형식에 맞춘 에세이를 쓰는 단계다. 글의 주제와 그를 뒷받침하는 본론, 매듭을 짓는 결론 부분이 구조에 맞게 쓰였는지, 글의 흐름을 헤치는 문장은 없는지, 주제에 적합한 문체로 쓰였는지 주로 훈련한다. 글쓰기 훈련의 마지막이자 '꽃'이다. 입시 영어를 넘어 그 이후까지 바라본다면 꼭 추천하고 싶은 글쓰기 공부 단계다.

쓰기 공부를 총 4단계로 간단하게 설명했지만 어려워 보일 것이다. 그래도 희망을 버리지 말자. 에세이 쓰기를 돕는 보조 도구와 같은 가이디드 라이팅이 있으니 말이다.

쓰기 실력 향상의 비결, 가이디드 라이팅

처음부터 잘 쓰는 아이는 없다. 많은 도움과 노력으로 잘 쓰게 되는 것이다. 무엇이 도움이 될까? 친절한 교재가 답이다. 쓰기 실력을 향상하려면 좋은 교재가 모델로 삼는 '가이디드 라이팅 교수법' 이론을 따라 하면 된다. 다음과 같은 구성으로 되어 있는 교재가 아이들에게 쓰기를 공부할 수 있도록 잘 만들어진 교재다. 구성을 살펴보자.

글쓰기 형식을 제시하고, 체계적인 단계별 쓰기를 통해 자신의 글을 쉽게 완성한다. 모델이 되는 글을 분석하고, 따라 쓰는 등 직접 글을 쓰기 이전에 충분한 연습을 한다. 그 후 다양한 그래픽 오거나이저 Graphic Organizer를 통해 글의 구성력과 논리적, 사고력을 배양하도록 구성되어 있다. 쓰기 교재 선정 시 다음과 같은 방식으로 구성된 책을 고르는 게 좋다. 가이디드 라이팅 지도 순서에 따른 아이들이 공부하는 내용이기도 하다.

에세이 쓰기 지도에 적합한 책 구성

- 기본적인 단어를 익히게 한다.
- 학생들이 글쓰기 모델로 삼을 수 있는 모델 텍스트Model Text를 제시한다.
- 작문 주제와 관련된 기본 어휘와 구문을 익히게 한다.
- 유사 구문들을 학습하여 문법을 자연스럽게 숙지하도록 한다.
- 글을 전개시키는 데 꼭 필요한 문장을 연습하여 학생들이 본인의 글쓰기에 활용할 수 있도록 한다.
- 그래픽 오거나이저를 통해 모델 텍스트의 구조를 살펴본 후 학생들이 스스로 본인의 글의 구조를 만들도록 돕는다.
- 구조화해서 만든 글의 구조를 바탕으로 문단 가이드에 따라 1차로 글을 완성한다.
- 글의 구조, 글의 종류, 연결어 등 글쓰기에 도움을 주는 학습 팁을 제공한다.
- 기초를 설명하는 부분에 써본 글을 문단 가이드에 따라 전체적으로 완성한다. 문법, 철자, 구두점 등을 학생 스스로 점검할 기회를 얻게 한다.
- 글을 수정하여 최종 글을 작성하게 한다.
- 다음 작문에서 반영할 수 있도록 실수나 기억해야 할 단어를 점검한다.

쓰기편   골라줄게 영어책

학년	추천 책	책 소개
초등 1~2 학년	《Writing Monster Student Book 1~3》 (A List)	– 아직 단어와 구 쓰기 연습을 하는 초보자에게 적합
	《My Fisrt Writing 1~3》 (이퓨처)	– 기초 문장 쓰기 훈련에 적합
	《Spectrum Writing》 시리즈 (Spectrum)	– 글쓰기에 숙련된 초등학교 1~2학년에 적합

학년	추천 책	책 소개
초등 3~4 학년	《Write it》 시리즈 (NE능률)	– 문단 쓰기 훈련에 적합
	《Write Right》 시리즈 (NE능률)	– 문단 쓰기 훈련에 적합 – 촘촘한 구성으로 에세이 쓰기까지 연결하고 싶은 학생에게 적합
	《My Next Writing 1~3》 (이퓨쳐)	– 기초 쓰기를 차근하게 공부하고 싶은 초등학교 3~4학년에게 적합
	《Guided Writing 1~2》 (Compass)	– 숙련자에게 적합 – 수입서로 우리말 가이드 없음
초등 5~6 학년	《Great Writing》 시리즈 (Cengage Learning)	– 기초 문장 만들기부터 에세이 쓰기까지 단계별 훈련에 적합한 수입서 – 영영으로 사고 가능한 학생들이 공부하면 효과 있는 책
	《Write it Paragraph to Essay 1~3》 (NE능률)	– 에세이 초보자에게 적합
중학교 1~2학년	《쓰기로 마스터하는 중학서술형 1~3학년》 (NE능률)	– 서술형 쓰기 훈련에 적합
중학교 3학년	《올씀(ALL씀)서술형 1~3》 (쎄듀)	– 고등 내신 서술형 대비책
	《고등영어 서술형이 전략이다》 (키출판사)	– 고등 내신 서술형 대비책
	《블랙라벨 영어 내신 어법》 (진학사)	– 고등 내신 서술형 대비책

05

복리로 쌓이는
어휘 학습법

Q "받아쓰기를 꼭 해야 하는지 철자를 꼭 쓰면서 암기해야 하는지 궁금합니다. 단어를 읽는 건 잘하는데 안 보고 쓰게 하면 아예 못 써요. 예를 들어 'difference' 뜻은 아는 데 쓰질 못합니다. 초등 3학년인데 철자 쓰기는 지도하지 말아야 할까요?"

Q "저는 아이들을 개인 지도하는 과외를 하고 있어요. 제가 맡은 아이가 있는데 초등학교 5학년이고 정말 느린 학습자입니다. 기억력도 좋지 않아요. 그래서 초등학교 교과서 단어만이라도 완벽히 외우게 해주고 싶은데 정말 잘 안 되네요. 철자는 무시하

고 읽을 줄 알고 뜻만 기억하는 식으로 지도해도 될까요? 중학생이 되기 전까지 뜻만 알게 지도하는 건 어떨까요?"

천만의 말씀이다. 이건 지도를 못한 부모도, 쓰기 싫어하는 아이도, 그 누구의 잘못도 아니다. 어휘 암기는 원래 어렵다. 간혹 매체에서 어떤 영어 강사가 "뜻만 알면 돼요. 저도 그 단어 쓰라고 하면 철자 잘 몰라요"라고 말하는 걸 보았다. 깜짝 놀랐다. 그건 본인이 철자가 미숙하여 실수할 수 있다는 말이지 어떤 언어가 뜻만 알고 넘어간다고 해서 그 단어를 안다고 말하는가. 단어를 익힐 때 쓰면서 철자까지 연습하는 일은 기본 중 기본이다. 이를 무시하고 넘어간다면 학습에 큰 걸림돌이 된다.

어휘를 쓰면서 익혀야 하는 이유

특히 기초 단계에서는 반드시 쓰면서 연습해야 한다. 읽으면서 손으로 쓰면 자연스레 파닉스 요소를 익혀 아는 단어도 늘어날뿐더러 정확하게 읽게 되면서, 아는 단어가 계속해서 늘어나는 '복리' 효과가 있다.

단어를 못 쓰면 문장도 못 쓴다. 앞서 말했듯 단어 쓰기는 쓰기 총 4단계 학습 중 첫 단계에 해당하는 기초이자 근본이 되는 중요한 단계다. 의외로 쓰면서 하는 어휘 공부에 대한 중요성을 모르는 사람도 많다. 반면 이 중요성을 알고 어렸을 때부터 실천하도록 지도하는 부모들도 많다. 내가 지도하는 아이들의 부모들은 처음에는 집에서 지도하지는 않았지만, 차차 이 중요성을 알고 밤마다 아이들에게 어휘를 쓰게 하면서 공부하기의 중요성을 몸소 실천했다.

아이가 어휘를 척척 쓰면 당연히 실력도 쑥쑥 는다. 쓰기는 어린 학생일 경우 소근육 발달 등 신체적으로도 부모가 보조해야 하는 부분이 있다. 따라서 초등학교 1~2학년이면 초반에 개입되는 부모의 노력이 아이 어휘 실력에 절반 이상을 차지한다.

하지만 이것도 잠시, 어휘 쓰기가 습관이 붙을 정도까지만 봐주면 된다. 자전거 타는 법을 알려주는 것과 같다. 끝까지 같이 붙들어주지 않지 않는가. 아이들은 분명 어느 순간 혼자 타고 있다. 어휘 암기도 처음에는 30분 동안 10개 정도 쓰고 암기했다면 점점 암기 속도가 빨라져 같은 시간당 외우는 단어 개수가 늘어난다. 이것을 몇 개월 단위로 짧게 보면 안 된다. '초등학교 1학년부터 대입 전까지 계속한다'는 마음으로 길게 잡고 향상시키는 것을 추천한다.

어휘는 크게 두 종류다. '일상 어휘'와 '학문 어휘'가 있다. 일상 어휘란 대화, 소설책 등 일상에서 사용하는 단어다. 학문 어휘란 논지가 있는 글, 시사적인 글, 용어 등 일상에서 자주 사용하지 않는 어휘다. 초등학교 1~2학년은 일상 어휘를 책이나 어휘집을 통해 습득하고 고학년이 될수록 학문 어휘를 접한다. 어떻게 공부하면 좋을까?

책을 통해 자연스레 습득하는 방법이 있다. 책을 읽고 자연스럽게 습득하다니 이 얼마나 세련되고 진짜 같은 영어 공부법인가.

하지만 여기에 맹점이 있다. 그러기에는 학문 어휘 등장이 너무 적다는 사실이다. 초등학교 5~6학년부터 영어도 비문학을 많이 읽는데 비문학 지문에 자주 등장하는 학문 어휘를 책을 통해 다 익히려면 온종일 책만 읽는 아이여야 가능하다. 그래서 다음 방법을 피할 수 없다.

어휘집을 외우는 방법이다. 주로 초등학교 5~6학년부터 중학생 이상 학생들이 사용하는 방법이며 좀 더 현실적이고 효율적이다. 다행히 요즘 어휘집은 무식하게 일대일 대응어식으로 나오지 않는다. 단어 옆에 영어 정의, 한글 어휘, 예문이 있다. 어떤 책은 읽기 지문도 있다. 실정에 맞는 어휘 공부법을 추천하자면, 책을 읽으며 어휘를 익히다가 점차 어휘집을 외우는 방법으로 가는 것이 좋다. 어휘집을 외우지 않는다면 제대로 된 영어 실력을 얻기가 어렵다.

어떤 순서와 방법으로 공부해야 하나?

단어 공부법은 3가지가 있다. 첫째, 모르는 단어가 나올 때마다 단어를 공책에 옮겨 적어 사전을 찾아 정리하는 방법이다. 둘째, 학습서를 공부하기 전에 단어 목록을 보고 어휘를 학습하는 방법이다. 셋째, 어휘집을 외우는 경우다. 앞서 이 방법들에 대해 설명했으므로, 여기서는 장단점에 대해 알아보자.

첫 번째 방법은 어휘를 공부하는 최고의 방법이다. 하지만 우리나라에서는 대학생 레벨 이후 하는 방법이다. 시간이 매우 많이 걸려서 지속하기 힘들기 때문이다. 게다가 공부에 열의까지 있어야 가능한 방법이므로 시간 여유가 상대적으로 많거나, 영어 공부에 열의가 있는 초등학생이 하기에 적합하다. 또는 정말 제대로 영어를 공부하려고 마음먹은 대학생 이상 나이에 적합하다. 하지만 요즘 잘하지 않는 방법이기도 하다. 초등학생들도 너무 바쁘며 또 좋은 어휘 학습서가 많이 나와서 굳이 할 필요를 못 느끼는 경우가 많다.

두 번째 방법은 학습서를 공부하기 전 단어 목록을 보고 어휘를 미리 익히고 읽기를 공부하는 경우다. 학습의 완성도를 높이는 장점이 많은 방법이나 이것도 단점이 있다. 양이 부족하다. 읽기, 듣기 학습서에 딸려 나오는 어휘만 예습하는 것은 초등학교 5~6학년이 하기에는 부족하다. 중학년까지 아주 성실히 한다는 전제하에는 괜찮다.

세 번째 방법은 처음부터 어휘집을 보는 경우인데 영어 시작이 늦었을 경우 기초 어휘를 빠르게 암기하여 기본 읽기 실력을 갖추고 실력을 쌓아나가는 방법으로도 활용할 수 있다. 주로 중·고등학생이나 토익, 토플 등 시험 준비하는 경우에 많이 사용한다.

3가지 방법 모두 '시간의 누적' 없이는 실력을 쌓을 수 없다. 결국 열심히 많이 하는 수밖에 없다.

어휘 학습서는 어휘를 알려주고, 단계별로 읽기를 하도록 읽기 지문까지 실린 책이다. 주로 《Wordly Wise》나 《Vocabulary

Workshop》과 같은 영영 기반으로 되어 있는 책이 주를 이뤘다. 이런 류의 어휘서는 영어를 영어로 사고하도록 돕는다.

요즘 우리나라 출판사에서 한글을 사용해 비슷한 구성으로 만든 훌륭한 교재가 많다. 예를 들면《1000 Basic English Words》시리즈,《2000 Core English Words》시리즈,《4000 Essential English Words》시리즈(Compass)나《Reading for Vocabulary》시리즈(월드컴 ELT) 같은 책이 그렇다. 많이 활용하자.

어휘집은 주로 중·고등학생이 보는 '영어: 한국어 + 예시' 형식으로 구성된 책이다. 유닛별로 20~30개 내외의 단어로 구성되어 있으며 암기를 기본으로 학습한다.《워드마스터》시리즈(이투스북),《능률보카》시리즈(NE능률),《어휘 끝》시리즈(쎄듀)와 같은 류의 책이다.

초등학교 1~2학년에 시작해서 대입 전까지 봤을 때, 어휘 학습서에서 시작해 점점 어휘집으로 간다고 생각하면 좋다. 초등학생 때는 어휘 학습서가 좋다. 어근과 접두사, 접미사 등과 같은 심도 깊은 어휘 학습으로 어휘에 대한 이해력이 좋아진다. 이는 곧 읽기 실력으로 이어진다. 입시 대비를 시작하는 초등학교 6학년 정도부터 시작하면 좋다.

책 제목	책 소개
《Vocabulary Workshop》 시리즈 (Sadlier Oxford)	– 영어로 사고가 가능한 학생에게 적합 – 초등학교 2~5학년 상급자 추천
《1000 Basic English Words》 시리즈 《2000 Core English Words》 시리즈 《4000 Essential English Words》 시리즈 (Compass)	– 《Vocabulary Workshop》을 하지 못해서 아쉬운 학생에게 추천 – 초등학교 1~6학년에게 두루 적합 – 훌륭한 부가 자료와 읽기 지문 포함되어 있어서 읽기 실력을 빠르게 늘리는 데 도움이 되는 책
《Reading for Vocabulary》 (월드컴 ELT)	– 사회, 과학 관련 어휘 확장에 좋음 – 비문학 독해 입문할 때 도움이 되는 어휘가 많음
《단어가 읽기다》 시리즈 (키출판사)	– 제일 무난함 – 접두사, 접미사, 어근 개념 훌륭 – 어휘 확장하기 좋음 – 입문자에게 추천
《Bricks Vocabulary 300, 900, 1500》 (Bricks)	– 두루 무난함 – 300, 900 그림이 많아 저학년들이 좋아함, 1500으로 갈수록 난도가 많이 뜀
《워드마스터 수능 2000》 (이투스북)	– 《워드마스터 고난도》 이후 이어서 보면 좋은 어휘집 – 수능이라고 표기되어 있지만 고등 대비를 위해 꼭 알아야 할 단어이며 수능 수준은 아님 – 중학생 상위권에게 적합함
《능률 보카 어원편》 (NE능률)	– 꼭 한번은 봤으면 하는 책 – 어원에 대한 이해를 도와 단어를 기억하기 좋음

4장

결과로 증명된
영어 1등급 로드맵

학년별 학습 계획 6단계 로드맵을 이야기한다. 초점을 잘 맞춘 사진 같은 선명한 로드맵을 따르면 입시에 성공하는 영어 기술을 익힐 수 있다. 초등학교 1~2학년부터 중학교 3학년까지 해당하는 학습 계획을 소개한다. 검증된 결과를 토대로 가장 효율적이고 필요한 공부법만 모았다.

초등학교 1~2학년

어학원 레벨 테스트 성공하기

내 아이가 아직 어학원에 갈 실력은 아닌 것 같다. 그렇다고 집에서 하자니 이게 맞는지 확신이 서지 않는다. 초등학교 1~2학년 부모라면 누구나 하는 고민이다. 초등학교 1~2학년은 영어에 첫발을 내딛는 소중한 시기다. 이 시기에는 영어 읽기, 듣기 공부를 시작하면서 영어에 흥미를 높여주는 일이 최우선이라는 건 누구나 다 안다. 하지만 자칫하다 중학년에 입학해 레벨이 나오지 않거나 다른 아이들보다 뒤처지면 이건 문제가 된다. 이런 일을 막도록 부모가 공부 방법에 확신을 가져야 한다. 무엇을 해야 할까?

올림픽에 출전한 선수와 세계 콩쿠르에서 우승한 피아니스트의 공통점은 어린 시절에는 집 앞 체육관에서 운동을 하고, 동네 교습소에서 피아노를 시작했다는 점이다. 장소는 중요하지 않다. 방법이 중요하다. 초등학교 1~2학년 때 확실한 기초를 쌓는 구체적인 방법을 알아보자. 이 시기 학습 목표는 AR 2점대 도달하는 것이다. 그림책, 파닉스, 리더스북, 챕터북 중심으로 학습한다.

학습목표

파닉스~AR 2점대 도달까지 3단계 방법 익히기

6개월	6~8개월	9~12개월
STEP 1	STEP 2	STEP 3
파닉스 + 기초 리더스북 + 코스북	AR 0~1점대 리더스북 + 스킬북	AR 1~2점대 리더스북 + 스킬북

코스북: 읽기, 쓰기, 말하기, 듣기 4가지 스킬을 통합하여 훈련하는 교재
스킬북: 한 스킬만 집중적으로 훈련하도록 만든 교재

 파닉스, 기초 리더스 단계

파닉스 기본 상식 익히기

파닉스는 해도 되고 안 해도 된다. 하지만 일반적으로 하는 것이 좋다. 아주 책을 많이 읽어서 그 안에서 소리 규칙을 자연스레 찾아내는 경우 파닉스 학습을 따로 안 해도 책을 유창하게 읽지만 소수의 경우다. 일반적으로 하는 것이 좋다. 정확한 규칙을 알려주어 지도하면

후에 사이트 워드Sight Words 같은 규칙을 따르지 않는 단어들이 나왔을 때도 막힘 없이 읽을 수 있다.

사이트 워드란 무엇인가? 예를 들어 She[쉬], He[히], The[더]를 같이 읽어보자. 파닉스 규칙에 따르면 [세], [헤], [데]로 읽어야 한다. 이렇게 규칙을 따르지 않는 단어들을 사이트 워드라고 하는데, 단어를 읽었을 때 한눈에Sight 알아볼 수 있어야 한다.

파닉스 과정 중반 이후부터 사이트 워드 읽기를 열심히 해야 한다. 파닉스 학습 시 리더스북을 반드시 병행해야 하는 이유다. 궁극의 목적인 '잘 읽기'를 위해서는 반드시 규칙을 습득한 후 이를 적용해보는 연습을 해야 한다. 요즘 교재에는 각 챕터 마지막 부분에 읽기 연습 코너가 모두 있다. 이 부분을 책의 핵심이라고 여기고 집중하여 연습한다.

파닉스 교재나 과정은 보통 5단계로 나뉘어 있다. 학습자의 나이에 따라 진도 차이는 크게 난다. 따라서 학년보다 아이의 인지 수준에 맞게 진도를 나간다.

파닉스 5단계

1단계: 알파벳
2단계: 단모음 + 단자음 + 단모음
3단계: 이중모음 + 2단계
4단계: 이중자음 + 2~3단계
5단계: 1~4단계 + 사이트 워드 합쳐 읽기

많이 하는 질문

Q 파닉스를 꼭 배워야 하나요?

연구 결과 '배우면 좋다', '배울 가치가 있다', '반드시 배워야 하는 것'은 아니지만 정확한 규칙 습득과 후에 읽기 유창성을 위해서는 배우면 좋다. 대부분의 아이가 파닉스를 공부할 필요가 있다.

Q 파닉스를 배우면 좋은 점은 무엇인가요?

읽기 유창성이 좋아진다. 읽는 중간에 흐름이 끊기지 않아 끝까지 계속 읽을 수 있다. 결국 많이 읽게 되며 그 안에서 어휘, 내용 추론과 같은 기초 사고력도 길러진다.

Q 언제 시작해야 하고 얼마나 해야 하나요?

파닉스 학습 시작 연령은 5세부터 3학년까지 다양하다. 하지만 나는 최소 2학년 전에는 끝내야 그 이후 과정으로 넘어갈 수 있으므로 2학년까지 끝내는 게 좋다고 본다. 파닉스가 중요하다고 생각해 1년 정도 아주 긴 시간을 파닉스에 시간을 보내는 사람도 많다. 개인적으로 추천하지 않는다. 리더스북을 병행해 파닉스 학습 기간이 6개월 이상 넘지 않는 것이 좋다.

Q 파닉스를 지도하는 방법은 무엇인가요?

3가지 방법이 있다. 첫째, 파닉스 5단계 책을 공부한다. 둘째, 리더스북만 가지고 하는 방법이다. 셋째, 파닉스 책에 리더스북을 병행하는 방법이 있다. 파닉스 책은 규칙을 가르친다. 리더스북은 문장을 통으로 가르쳐 그 안에서의 일정 규칙을 찾게 한다. 효과는 세 번째가 가장 좋다. 규칙을 가르치고 책을 읽으며 연습하면 가장 빨리 실력이 는다. 알파벳과 세 글자 읽기 단계인 1~2단계는 파닉스 책만 보거나, 3단계부터 리더스북을 병행하는 것이 무난하다.

Q 파닉스가 완전하지 않다면 다음 과정(기초 읽기)으로 넘어가도 될까요?

겁먹지 말고 넘어가자. 리더스북으로 읽기 연습을 더 하면 된다. 파닉스 학습의 궁극적인 목적은 문자의 소리를 듣고, 읽고 인지하여 쓰고, 읽을 줄 아는 것이다. 파닉스 이후 책 읽기 과정으로 넘어가도 이런 연습을 계속하므로 4~5단계를 마쳤는데 조금 미숙하더라도 다음 과정으로 과감히 넘어가도 괜찮다. 다음 과정에서 소리 내어 읽기 연습Read aloud을 많이 하여 파닉스 마무리 단계를 충분히 연습시킨다.

파닉스 교재 추천

파닉스 교재는 정말 많다. 아이의 인지 수준에 맞는 교재를 골라야 실패하지 않는다. 예를 들면 유닛당 8페이지 이상 이루어져 있거나 쓰기의 양이 많은 책은 초등학교 1~2학년에게 적합하다. 취학 전이라면 주인공 캐릭터가 있고 그림의 양이 많으며 편집 형태가 간단한 교재가 적합하다. 다음 표를 참고하자.

파닉스를 홈스쿨링으로 지도한다면, 출판사가 제공하는 온라인 워크시트와 자료가 풍부한 교재가 좋다. 아래와 같은 교재들이 온라인 부가 자료가 잘 갖춰져 있으므로 참고하길 바란다.

유치원	초등학교 1~2학년	그 외
《Fly Phonics》 시리즈 (투판즈) 《Jungle Phonics》 시리즈 (웅진컴퍼스) 《Super Phonics》 시리즈 (투판즈)	《Smart Phonics》 시리즈 (이퓨쳐) 《EFL Phonics》 시리즈 (이퓨쳐) 《Sadlier Phonics》 시리즈 (Sadlier Oxford)	《Speed Phonics》 시리즈 (이퓨쳐) 《Spotlight on First Phonics》 시리즈 (Bricks)

 **AR 0~1단계**

리더스북이란?

아이들이 스스로 읽을 수 있도록 연습하기 위해 만든 책이다. 학습용 Graded Reader(연습 문제나 작문 과제가 있는 수준별 책) 책으로 단계를 구분 지어놓았다. 한정된 개수의 쉬운 단어와 반복적인 표현, 짧은 문장으로 되어 있어 읽기에 자신감을 얻을 수 있다. 파닉스를 마치고 챕터북으로 진입하기 위해 연습해줘야 하는 단계이나, 한정된 쉬운 단어로 되어 있어 어휘력이 늘기 어렵고 내용이 단순해 금세 흥미를 잃기 쉽다. 책의 종류도 챕터북처럼 많지 않기 때문에 집중적으로 읽혀서 다음 단계로 빨리 가는 것을 목표로 하자. 리더스북은 쉬우면서도 줄거리가 재미있게 느껴지는 책이어야 한다. 반복해서 보기 때문에 이야기가 탄탄한 책을 고르자.

리더스북 추천

AR지수	리더스북 추천	책 소개
0~1점대 (1~2문장/ 1페이지)	《Oxford Reading Tree 1~4》 (Oxford Univ Pr)	– 영국 현지 초등학교(Primary School, 5~11 세)에서 사용하는 책 – 1~16단계이며 파닉스 이후 간단한 단어 와 문장으로 연결한 읽기 프로그램
	《Super Fly Guy》 (Turtleback Books)	– 남,여학생 모두 추천 – 초등학교 5~6학년 저 레벨도 가능 (잘 못 읽는 초등학교 5~6학년도 훈련하는 책)
	《Eloise: Ready to Read》 시리즈 (Simon Spotlight)	– AR 0~1점대 추천 – 여학생들이 좋아함(DVD, 영화 있음)
	《World of Reading》 시리즈 (Marvel Press)	– AR 1점대 추천 – 남학생들이 좋아하는 마블 시리즈 (어벤저스, 엑스맨, 배트맨 등)
	《Step into Reading 2》 (Random House)	– AR 1~2점대 추천(시리즈로 구성)
	《The Berenstain Bears》 (Random House Childrens Books)	– AR 1점대 추천
	《Scholastic Hello Readers 1~2》 (문진 미디어)	– 숫자, 도형이 다양하게 나옴
	《Usborn First Reading 1~2》 (문진 미디어)	– 어스본 고전은 한국어로 이미 아이들이 알고 있는 내용(맨 마지막에 퀴즈 있음)
1점대 중후반 (3~4문장/ 1페이지)	《Oxford Reading Tree 5~7》 (Oxford Univ Pr)	– 매직 키 등장, 시간여행, 시공간 다양해짐
	《Arthur starter》 (Oxford Univ Pr)	– 전 레벨이 연속하기 좋음
	《I can Read 1》 (Harpercollins Childrens Books)	– 다양한 시리즈 중 아이가 좋아하는 시리 즈 고르기
	《DK readers》 시리즈 (Dk Pub)	– 과학, 동물, 지식적인 내용 좋아하는 아 이들에게 추천

읽기 지도 방법

청독(집중듣기)과 낭독 훈련이다. 청독을 할 때는 CD, QR, 세이펜을 짚으며 같이 듣는다. 낭독 훈련은 읽기를 한 '책의 권 수, 정따(정확히 한 문장씩 따라 읽기, Stop&Pause), 연따(연달아 따라 읽기, Shadow Reading)'의 횟수를 기록하는 것이다.

리더스북으로 낭독 훈련을 하는 목적은 '사이트 워드 읽기와 기본 어휘 익히기, 문장에 대한 개념을 익히기' 위해서다. 대략 70~100권 정도 읽으면 어휘 500개 정도를 익힌다. 이는 리더스북 읽기를 진행할 때 학습의 진척 상황을 확인해볼 지표가 되므로 기록하는 일은 중요하다.

STEP 3 AR 1~2점대 단계

어휘력 키우기

AR 2점대로 넘어가려면 어휘가 관건이다. 학습에 조금 더 속도를 내고자 한다면 어휘 학습서를 병행하면 효과가 좋다.

어휘책 추천

책 제목	책 소개
《Vocabulary Workshop》 시리즈(Purple) (Sadlier Oxford)	- 고급 어휘와 적절한 예, 품사, 뜻, 예문, 동의어, 반의어 모두 제공

책 제목	책 소개
《Vocabulary Workshop》 시리즈(Purple) (Sadlier Oxford)	- 워드 스터디(Word Study) 파트가 매우 유익하며, 토플이나 고급 어휘 습득을 위한 필수서 - 영어 상급자에게 추천
《1000 Basic English Words》 시리즈 (Compass)	- 수입 어휘서를 하기 부담스러운 학생에게 추천하는 책 - 기초 어휘를 그림과 리딩 지문과 함께 제공해 어휘의 쓰임을 잘 지도하는 책
《Bricks Vocabulary 300》 (Bricks)	- 7개 레벨 중 첫 단계 책 - 교과서 기본 어휘를 그림과 액티비티를 통해 읽을 수 있음
《200 Words You Must Know 1~3》 (A List)	- 브릭스 시리즈 어휘서보다 연령이 더 어린 학생에게 적합 - 액티비티가 풍부
《100 Words Kids Need To Read by 1》 (Scholastic)	- 어휘 습득에 한정하지 않고, 읽기, 문법 등의 기초 영어 노출을 강조하는 수입서 - 영어 유치원에서 교재로 많이 사용

어휘 관련 많이 하는 질문

Q 단어 시험을 봐야 할까요?

확인 개념으로 생각하면 좋다. 쓰기 연습에도 좋다. 맨 마지막 코너에는 거의 모든 책에 쓰기 학습이 있으니 이 부분을 활용하자. 출판사 홈페이지에 부가 자료도 많다.

Q 안 외워지면 어떻게 해야 하나요?

입으로 소리 내고 손으로 쓰면 소리와 문자가 일치화되어 파닉스가 탄탄해진다. 쓰기는 연습이 많이 필요하다. 하지만 이 단계는 딱히 암기까지 완벽하지 않아도 된다. 쓰기를 연습하는 것에 의미를 둔다.

Q 쓰면서 외우나요?

반드시 써야 한다. 종종 어려서 쓰기가 힘들다고 하지만, 어릴수록 쓰기 습관을 잡아주면 고학년 때 정말 편하다. 쓰기 지도를 하는 것을 추천한다.

Q 하루에 몇 개가 적당한가요?

보통 한 유닛당 10~15개 정도 제공된다. 한번 학습할 때 이 정도 양이 적당하다. 간혹 리더스북 읽기를 하지 않고 바로 스킬북으로 들어가는 경우도 많다. 이 방법도 좋다. 책 읽기는 학원이나 여타 기관에서 지도하기가 정말 어렵다. 거의 집에서 부모가 하는데 모든 가정에서 가능한 일은 아니다. 스킬북으로 바로 들어가는 것도 학원에서 많이 사용하는 방법이며 읽기에 가속도를 붙일 수 있다.

읽기 스킬북 추천

책 제목	책 소개
《Bricks Reading 30, 40, 50, 70, 100》 시리즈 (Bricks)	– 1~2개의 패턴이 반복되는 단순한 단락 학습으로 시작하여 다양한 주제와 어휘로 이루어진 단락 읽기까지 단계별로 학습할 수 있는 책 – 책 제목에 지문당 단어 수가 표기되어 있어 부모들도 아이의 단계를 쉽게 파악할 수 있는 게 장점
《Easy Link》 시리즈 (NE능률)	– 주제별 통합 교과 과정을 바탕으로 읽기의 기본기를 세워주는 Reading 시리즈 – Easy 단계를 마친 후 《Insight Link》나 《Subject Link》 시리즈로 연계 학습 가능

책 제목	책 소개
《Wonderful World》 시리즈 (A List)	– 내셔널지오그래픽의 생생한 미디어를 제공 – 초등학교 1~4학년의 흥미도 자극하기 적합 – 2권의 워크북 구성으로 단어 연습, 영작 연습 등 예복습을 철저하게 할 수 있도록 나오는 게 장점
《Word Reading 30, 40, 50, 60》 시리즈 (A List)	– 초등학교 교과내용이 연계된 커리큘럼 – 파닉스 단계 이후부터 바로 시작할 수 있는 초급 단계부터 제공 – 구성이 단순해서 초급자에게 적합

STEP 4 AR 1~2점대 리더스북, 스킬북, 코스북 병행하는 방법

코스북(Course book)이란?

읽기, 듣기, 말하기, 쓰기. 4대 영역의 요소를 조금씩 모두 다 넣어 만든 책이다. 리더스북 읽기와 병행하면 부스터 역할을 한다. 리더스북을 읽기만 하면 아이가 어느 순간 지루해하거나 소리 내어 읽기를 힘들어하는 고비가 온다. 이때 코스북이 영양제다. 고비가 왔을 때는 코스북을 병행해주면 효과가 좋다. 어학원 레벨 테스트 점수가 신경 쓰인다면 코스북을 추천한다. 어학원 첫 레벨이 코스북인 경우가 많으며 초등학교 1~2학년 입학 테스트는 쓰기, 말하기 영역의 비중도 꽤 높다.

학습 방법

보통 한 유닛당 2~3가지 목표어가 있는데 유닛 전체를 아우르는 주제다. 내내 이 목표어를 반복시키니 이를 집중적으로 지도한다.

말하기, 쓰기 부문이 꽤 된다. 특히 워크북에 많은데 이 부분을 지도해주면 아이가 편안히 따라온다.

모의고사 문제집 전까지 코스북은 3가지 구성으로 되어 있다. 본책, 워크북, 음원이다. 이를 모두 학습하며 반복한다. 코스북은 대개 레벨이 1부터 6, 7단계까지 나온다. 보통은 3단계까지 진행하는 게 좋다. 4단계를 할 정도면 AR 2점대 초반 언어 수준이니 그때부터는 코스북보다는 스킬북을 사용하는 편이 낫다.

코스북 추천

수입서	국내 ELT
《Let's Go》 시리즈 (Oxford Univ Pr) 《Everybody Up》 시리즈 (Oxford Univ Pr) 《HipHip Hooray》 시리즈 (Pearson Longman) 《Our World》 (Cengage Learning) 《Backpack》 (Longman)	《English Bus》 시리즈 (Bricks) 《Smart English》 시리즈 (이퓨처) 《Come On Everyone》 시리즈 (NE능률)

02

초등학교 3~4학년

평생 자산이 되는 기초 체력 쌓기

초등학교 3~4학년은 영어 학습 기량을 최대로 끌어올릴 수 있는 황금기다. 여러 가지 이유가 있다. 우선 학습 기량이 월등히 좋아진다. 4학년 2학기 시작할 때 즈음이 특히 그렇다. 완전히 유아기를 벗어나 정말 '학습'을 시작할 수 있는 신체적, 정신적 성장이 적절히 되었다는 느낌을 받는다. 선생님들끼리는 우스갯소리로 "책장 넘기는 것부터 다르다"라고 할 정도다.

그다음으로 입시의 영향을 크게 받지 않는다. 시험이 없을뿐더러 시간도 많다. 마음만 먹으면 실력을 얼마든지 향상할 수 있다. 시간을 진득하게 투자해야 하는 영어 공부, 이를테면 듣기 받아쓰기나 비문학 읽기 같은 생소한 영역에 발을 들일 기회가 된다.

그 시기에는 중학교 입학을 앞둔 조급한 마음도 없다. 그저 도닥이며 이끌어주는 만큼 학습 효과가 가장 좋게 나올 절호의 기회다. 절대 놓치지 말자.

초등학교 3~4학년을 잘 보내는 3가지 방법

초등학교 3~4학년 때 집중해야 할 3가지가 있다. 반복, 효율, 습관이다. 세 단어를 잊지 말자. 올림픽 메달리스트도 동네 도장에서 수년간 수없이 많은 반복 훈련을 한다. 전지훈련도 연습할 기량이 있어야 간다. 초등학교 3~4학년은 전지훈련을 가기 전이라고 보면 된다. 기초 체력을 쌓는 게 목표다.

공부를 초등학교까지 시킬 목적이 아니라면 아이가 혼자서 장기전을 치를 수 있어야 한다. 바로 이때가 기초 체력 훈련의 최적기다. 이 과정에서 핵심은 아이들에게 스스로 학습을 관리하는 좋은 습관을 만들어주어, 앞으로 초등학교 5~6학년 과정을 잘 소화하기 위한 공부의 바탕을 만들도록 이끌어줘야 한다.

반복 학습은 정말 중요하다. 공부법을 익히는 일은 아이들 입장에서 어른 기준으로 생각하는 것보다 시간과 노력이 많이 든다. 컨설팅을 하면 이런 생각이 들 때가 자주 있다. '아, 방법은 맞는데 학습 기간이 너무 짧다. 이걸 훨씬 더 길게 잡고 반복해줘야 하는데.' 한번은 학부모가 이렇게 상담을 했다.

"이런 방법으로 3개월째 하고 있는데 별 성과가 없어요."

3개월은 턱도 없이 짧다. 공부법이 몸에 익으려면 성인도 3개월 정도 걸린다. 게다가 우리말도 아닌 외국어다. 눈에 보일 만한 "아, 이제 좀 되는구나"라는 생각이 들려면 최소 6개월 이상 걸린다. 공부 효과가 나타나려면 2년 정도 걸린다. 온전하게 자기 공부법으로 몸에 익을 때까지 많은 시간을 투자하며 반복해야 한다.

영어 학습은 습관만 잘 들이면 좋은 점이 많다. 우선 하기 싫은 마음이 적어진다. 영어를 학습하려고 마음먹으면 시작이 힘들다. 시작이라는 방아쇠를 당기지 않으면 할 수 없다. 그런데 습관이 들면 시작이라는 장벽이 낮아진다. 버티지 않고 으레 하는 일인 것처럼 한다. 조건 반사적으로 움직인다. 그만큼 부담이 덜하다.

또한 에너지를 덜 쏟는다. 초등학교 3~4학년 때 영어 공부는 주차장에 세워진 차 밀기와 같다. 세워져 있는 차를 밀면 처음에는 버틴다. 거듭 밀면 움직이는데 이때부터는 손만 대고 있어도 차가 움직인다. 바로 이게 습관화된 상태다. 아이의 영어 공부를 이런 상태로 만들어주는 게 중요하다.

습관은 아이가 중학교에 진학하는 순간부터 진가를 발휘한다. 가령 영어 학습 습관이 잘된 아이와 그렇지 않은 아이가 내신 시험을 본다고 치자. 둘은 본문과 어휘 암기하는 속도부터 현저히 차이가 난다. 성적은 이미 시험 전부터 나온 셈이다.

습관은 결국 몰입으로 이어진다. 아직 초등학생인데 몰입이라니 과하게 들릴 수 있지만, 이는 부모의 손을 떠나 혼자 공부하는 아이가 되려면 꼭 필요한 조건이다. 습관적으로 공부하면 내용에 몰입하고, 이는 학습에 큰 효과를 불러일으킨다. 부모나 선생님이 해줄 수 없는 영역이다.

입시는 효율이 매우 중요하다. 물론 공부에 있어 뭐가 중요하고 덜 중요하고를 따질 수는 없지만, 시간과 노력, 에너지를 어디에 써야 할지 알고 하는 공부는 과녁을 정확하게 맞힐 수 있도록 정비한 활과 같다.

효율과 관련하여 특히 많이 받는 질문이 있다. "어디까지 공부해야 하나요?", "학습 비중이 어떻게 되나요?" 비중과 범위를 정하기 위해서는 영어라는 나뭇가지만 보지 않고, 학습이라는 큰 숲을 보고 생각해봐야 한다. 초등학교 3~4학년은 아직 입시를 코앞에 둔 학년은 아니지만, 그래도 입시와 결을 같이 하는, 같은 경로의 길을 걷고 있어야 한다. 경로에서 이탈한 공부는 효율성을 떨어뜨린다.

집중할 3가지 영역: 읽기, 어휘, 쓰기

다양하게 읽어야 하는 이유는 크게 3가지다. 그중에서 비문학이 중요하다. 첫째, 시험 영어와 맥락, 어휘, 구조 면에서 매우 흡사하다. 초등학교 5~6학년부터 본격적으로 나오는 비문학 독해를 깊이 공부해 생소하지 않도록 만들어야 한다. "우리 아이는 책을 많이 읽었는데 왜 읽기 점수가 나오지 않나요?" 많은 부모가 엉뚱한 곳에서 원인을 찾는다.

"아직 시험을 보는 요령이 없어서 그런 게 아닌가요?", "11월생이라 아직 느려서 그런 것 같아요." 아니다. 다양하게 읽지 않아서다.

초등학교 3~4학년 이전엔 주로 문학을 읽는다. 아무리 아이가 어려도 시험이란 틀에서는 어느 정도 학문 어휘와 학문적인 글의 구조를 접한다. 이런 구조와 어휘에 노출이 적게 되어 있는 원인이 초등학교 5~6학년에서 입시 영어의 전환이 어려워지는 이유다. 따라서 적절한 비문학 지문을 문학과 골고루 읽는 것을 추천한다.

반복, 습관, 효율. 이 3가지의 중요성은 '어휘 학습'에 바로 적용된다. 어휘는 언어를 듣기, 읽기 위주로 공부해오던 초등학교 3~4학년들에게는 매우 생소하다. 가장 큰 걸림돌이 철자를 쓰는 일이다. 'difference'의 뜻이 '다르다'라는 것은 알아도 막상 쓰려고 하면 철자를 모른다. 이럴 경우 difference라는 단어를 아는 것일까 모르는 것일까? 엄밀히 말하자면 모르는 거다. 언어를 알아가는 과정은 온전히 그 뜻과 형태를 잘 사용할 줄 아는 일이다.

또한 초등학교 5~6학년이 되면 아이들은 읽기와 문법에서 '서술형 쓰기' 형태의 문제를 많이 접한다. 난이도가 높은 문제를 모두 이해한다고 해도 쓸 줄 모르면 여러 영역에서 어려움을 겪는다. 초등학교 3~4학년부터 철자 쓰기를 지도하는 게 좋다.

어휘는 일 잘하는 비서와 같다. 능력 있는 사장 밑에는 늘 일 잘하는 비서가 있다. 여기서 사장이 읽기, 문법, 쓰기라면 어휘는 비서다. 사장은 일 잘하는 비서를 뒀기 때문에 손수 발로 뛰지 않아도 일이 잘 굴러간다. 비서는 사장이 막중한 책임을 다하도록 작은 일을 알아서 처리한다. 그러니 초등학교 3~4학년부터 어휘에 힘쓰자.

그냥 눈으로 읽어서는 '어휘 실력'이 늘지 않는다. 책을 많이 읽으면 자연스레 어휘력도 좋아지며 언어 감각이 발달하지 않는가? 단어 쓰기도 마찬가지다. 쓰는 과정에서 어근과 접두사, 접미사 개념을 익히면 단어가 많은 어근과 접사의 결합으로 이뤄졌다는 사실에 익숙해진다.

물론 이런 실력이 되려면 이후 초등학교 5~6학년 수준의 단어를 익혀야 한다. 하지만 초등학교 3~4학년 때 충분한 어휘 쓰기 연습 없이는 이 단계까지 가기 어려우니 연습해둬야 한다.

연습을 하는 방법은 연습장에 많이 써보는 것이다. 어떤 형식이든 연습 시험을 봐서 쓸 줄 아는지 모르는지 확인한다. 부모님이나 학원 누군가는 반드시 확인해줘야 한다. 쪽지 시험, 워크시트에 셀프 테스트 등을 해본다.

초등학교 3~4학년 때는 어디까지 써야 할까? 평균 영어 레벨 학습자라고 가정했을 때 쓰기의 목표를 문장 쓰기 연습에서 시작해서 한 단락 쓰기를 완성하는 것으로 잡으면 좋다. 그러면 학부모들은 이렇게 질문한다.

"지금 단어도 잘 못 쓰는데 어떻게 단락 쓰기를 하나요?"

철자를 자주 틀리는 초등학교 3~4학년에게 한 단락 쓰기란 오르기 너무 높은 산처럼 느껴질 만하다. 하지만 요즘 쓰기 능력이 매우 강조되고 있어 여러 좋은 쓰기 교재가 있다. 이를 잘 이용하자.

초등학교 3~4학년은 수행평가와 같은 입시를 위한 영어를 쓰는 게 아니다. 한 단락이나 미니 에세이를 쓰게 지도하는 쓰기 학습서를 사용하면 된다. 이런 학습서는 가이디드 라이팅 교수법을 기초로 만들어진 책이다.

차근차근 단어부터 문단 쓰기까지 쓰기를 확장하는 연습을 지도하는 좋은 교재다. 여러 어구 써보기, 이를 이용해서 문장 써보기, 문법 포인트를 합쳐서 다시 써보기, 앞으로 쓸 단락에 대해 잘된 예시 글 보기, 따라서 써보기, 내 글 써보기와 같이 아주 친절한 과정으로 아이들의 인지 수준에 맞는 예시와 문제를 제시하므로 크게 어렵진 않다.

이 과정 중에 아이들은 문장의 바른 형태에 대해 자연스레 익히며 문법 지식이 없더라도 '이렇게 쓰는 것이 맞는 문장이구나'라는 감을 익힌다. 이 시기에 반드시 쓰기 연습을 해야 하는 이유는 아이들은 이때 안 쓰면 이후에는 더 쓰지 않으려고 하기 때문이다.

03

초등학교 5~6학년

정확한 독해력 키우기

Q "선생님, 읽기가 고민입니다, 원서로 계속 진행해도 되나요? ELT(영어를 가르치는 데 필요한 책)를 사용해서 직독·직해를 하는 게 맞는지 궁금합니다."

Q "중학교, 고등학교를 어떻게 기준을 잡고 내신 대비, 입시를 공부해야 하나요? 어떤 학원에 보내야 하나요?"

Q "현 학년에 비해 영어 레벨이 매우 높아요. 국제고, 영재학교, 외고 정도 가는 것이 목표인데 어떻게 지도해야 하나요?"

주로 초등학교 5~6학년 부모가 많이 하는 질문이다. 질문의 주인공인 아이들의 영어 실력은 천차만별이지만 답은 하나로 귀결된다. 바로 '문제 해결 능력'이다.

문제 해결 능력 키우기

문제 해결 능력은 나이와 분야를 막론하고 공부의 기초가 되는 능력이다. 영어에도 이게 통한다. 초등학교 4학년까지 '영어 공부=영어'였다면, 초등학교 5학년부터는 영어 이외의 알파가 필요하다.

바로, 문제 해결 능력이다. 이는 초등학교 1~4학년 때 실용 영어에만 중심을 두고 공부하다가 아이가 초등학교 5~6학년이 되었을 때 부모들이 가장 챙기지 못하는 부분이다. 10년 이상 입시 현장에 있어봐야 알 수 있거나 보통은 아이가 대학 입시를 치를 때 알게 된다.

문제 해결 능력의 핵심은 '해보기'다. 되든 안 되든 해보는 거다. 이리저리 해보는 과정을 반복하면 결국 '내 것'이 되는 수준에 도달한다. 이 과정이 초등학교 5~6학년 때 반드시 있어야 한다. 그래야 초등학교 3~6학년에 가서 학원에 다니든 인터넷 강의를 듣든 과외를 하든 어떤 방법을 택하든지 상위권을 유지할 수 있다.

문제 해결 능력은 왜 필요할까? 심화의 기초가 된다. 혼자서 고민하고 처리하는 능력을 키우는 과정에 이해도가 깊어지고 개념이 체화된다. 이 능력은 점수로 연결이 된다. 초등학교 5~6학년부터는 점수가 안 나오면 곤란하다. 문제를 읽고 해결해내는 과정은 점수와 이어진다.

영어를 잘 읽고 이해하지만, 시험만 보면 점수가 안 나오는 아이들이 많다. 문제 해결 능력을 키우는 연습이 부족하기 때문이다.

문제를 해결하면서 정확도가 높아진다. 문제 해결 능력을 키우는 연습을 하면 스스로 곱씹어 생각해 사고의 밀도가 깊어질 수밖에 없다. 잊어버리지 않고, 이 기술을 다른 교과에 똑같이 적용해도 마찬가지로 정확도가 높아지며 다른 교과목에서 시너지를 낸다.

일반적인 문제 해결 능력의 과정은 다음과 같다.

> 문제 발견 → 정보 찾기·고민하기 → 가장 맞는 방법 찾기 → 문제에 적용하기 → 맞는지 확인하기

이를 문법 문제 풀기에 적용해보자. 'to 부정사 문제를 틀렸다 → to 부정사 개념 설명으로 돌아간다 → 명사적, 형용사적, 부사적 용법 중 어디에 내가 필요한 정보가 있는지 고민해본다. 알고 보니 형용사적 용법과 부사적 용법을 헷갈린 거였다 → 다시 문제로 돌아가서 개념을 대입하여 푼다 → 정답을 명확히 도출해낸다.'

영어 문제 해결 능력을 키우기 위해 도움이 되는 자질은 무엇이 있을까? 학습량, 학습 시간, 암기 능숙도, 예습과 복습 완성도, 개념 자기 체화 능력, 속도 등 많은 자질이 필요하다. 이것은 영어 능력 향상

에 국한되기 보다는 공부력, 공부 내공, 학습 능력과 관련이 많다. 그럼 이런 자질은 어떻게 키울 수가 있을까? 여기서부터는 아이마다 편차가 커진다. 학습 바탕이 좋은 아이는 수월하게 따라가며 아직 부족한 아이는 속도와 체화하는 양이 그렇지 않은 아이보다 떨어진다.

정확한 해석의 중요성

정확한 해석을 하는 것이 중요하다. 정확한 해석은 초등학교 5~6학년부터 시작해야 한다. 중학교, 고등학교에서 독해 실력이 안 오르는 이유를 분석해보면 다음과 같다.

읽기 실력이 안 오르는 과정을 살펴보자. 해석이 정확히 되지 않는 문장이 쌓인다. 문장 유형에 대한 문제 해결이 안 된다. 문제 해결이 되지 않은 상태로 계속 독해한다. 비슷한 문제를 반복해서 틀리며 읽기 실력이 늘지 않는다. 이렇게 악순환이 된다.

예를 들어 10문제 중 4개를 틀렸다고 해보자. 문제를 해결하지 않고 계속 푼다. 양을 늘려야 할 것 같아서 많은 독해집을 푼다. 결국 100문제를 풀어보면 40개를 틀리고, 1000개를 풀면 400개를 틀린다. 왜 정답이어야 하는지, 왜 오답인지 지문 내에서 확인하는 과정이 꼭 필요하다.

보통 독해할 때 배경 지식이 중요하다고들 한다. 하지만 일정 수준 이상의 독해 지문부터 배경 지식은 양날의 검이다. 요즘 지문은 단순하지 않다. 논지를 뒤집는 지문이 많고, 추론해야 할 위치도 예측하기 어려운 경우가 많다. 배경 지식으로 대충 버무려 추측해 해석했다가는 정답을 맞출 확률이 낮아진다. 반면 정확하게 해석하면 오답률이 줄어든다. 정확한 해석 연습을 첫 번째 목표로 두고 독해하는 것이 중요하다.

다음 '4장 04. 중학교 1학년'에서는 직독·직해 공부법을 추천한다. 이를 하려면 최소 지문당 250단어 이상을 알아야 한다. 너무 쉬운 지문에서는 정확하게 분석하거나 공부할 거리가 별로 없다. 초등학교를 졸업하기 전까지 독해 수준의 마지노선은 지문당 250단어 이상을 아는 것이다. 이게 늦어지면 중학교에 가서도 계속 늦어진다. 단어수 250개를 잊지 말자.

초등학교 6학년이면 문법 공부를 시작해야 한다. 중학교에 입학해서 시작해도 되지 않느냐는 질문은 여기까지 읽었으면 하지 않을 것이다. 자세한 학습 목표와 공부 방법은 '3장 03. 문법을 공부하면 좋은 점'에서 설명했으니 참고하자.

중학교 1학년

고등학교 실력 결정짓기

중학교 1학년은 매우 중요한 시기다. 고등학교 실력을 결정짓는 시기라고 해도 과언이 아니다. 왜일까? 어느 정도 학습 기량도 올랐고, 무엇보다 내신이 개입해 수능의 기초 학습을 닦는 데 흐름을 끊지 않는다. 국·영·수 과목에 올인하는 최적기다. 실제로 이때부터 '고등학교에 가서 승산이 있나 없나'가 눈에 보인다.

한편 '영포자'가 많이 발생하는 구간이기도 하다. 다시 말해 초등학생 때부터 쌓아온 기량이 수면 위로 드러난다. 중학교 1학년부터 박차를 가하는 것이 고등학교 수준의 학습을 고등학교 입학 전 얼마나 닦고 진학하느냐를 결정하므로 내신이 없다고 안이하게 생각하지 말고 적극적으로 학습해야 한다.

초등학교 5~6학년까지는 반복과 습관, 효율로 기초 체력을 훈련했다. 거기에 문제 해결 능력을 중점적으로 연습했다면 어느 정도 중학교 과정을 밟기 위한 기초가 다져졌을 것이다. 전지훈련까지 다녀온 셈이다. 지금부터는 실전이다. 곧 올림픽에 나갈 실전 연습을 시작해야 한다. 무엇을 대비해야 할까?

어근, 접두사, 접미사 위주의 어원 공부

현실적으로 이야기하면, 중학생부터는 점수가 나오지 않으면 곤란하다. 문제를 해결하고 답을 도출하는 데는 철저하게 검열 과정이 있어야 하는데 여기에는 여러 자질이 필요하다. 이를테면 일정 수준의 학습량과 학습 지속 시간, 속도, 암기 능숙도, 예습과 복습 완성도 등의 자질이 필요하며 이것이 합쳐져 점수를 만든다.

초등학생 학부모에게 영어 학습 로드맵을 설명하면서 암기를 강조하면 깜짝 놀라거나 마치 암기를 도제식 옛날 교육처럼 치부해버리고 무시할 때도 간혹 있다. 하지만 이는 입시를 전혀 몰라서 나오는 반응이다. 중학교 수준의 교과에서는 영어 과목뿐 아니라 모든 과목이 암기가 기본이라고 해도 과언이 아닐 정도로 새로운 개념을 외워야 한다. 그렇다고 단순하게 문자 그대로 외워야 한다는 말은 아니다. 새로운 개념이 나왔을 때 이해하고 그 후에 공부한 주제에 관해 이해한 것을 자기 언어로 바꿔 설명할 줄 알아야 하며, 그 지식을 백지에 쓸 수 있을 정도로 암기해 기억해야 한다.

예를 들어 동명사 개념을 배웠다고 치자. 오늘 배운 명사적 용법은 당연히 이해하고 기억한다. 다음 수업 시간에 형용사적 용법을 배웠다. 마지막 수업에는 부사적 용법을 배웠다. 그리고 한꺼번에 동명사에 대해 말해보라고 하면 갑자기 3가지 용법이 뒤죽박죽 섞여서 구분하기 어려우며 개념이 명확하게 다가오지 않는다. 자연스러운 현상이다. 이 개념을 백지에 쓸 정도까지 명확히 암기하지 않고 문제를 푸는 것은 아무 소용이 없다. 완벽히 암기해 세부 사항과 대표 예시 하나 정도는 손으로 쓸 수 있을 때까지 외운 후 문제에 접근해야 한다. 그래야 오답률이 확연히 준다.

어휘 암기도 마찬가지다. 영어 소설을 읽어 자연스레 어휘를 습득하면 더할 나위 없이 좋지만, 이 방식으로 어휘량을 늘리려면 독서만 하고 있어야 한다. 독서만 하다 중학교를 졸업할 수는 없지 않은가? 또한 어휘의 범위도 문제가 생긴다. 중학생이 학습서나 어휘집 어휘를 암기하지 않고 뉴스나 테드 연설문, 학회 잡지에 나오는 전문적이고 학술적인 내용을 읽고 이해할 정도의 수준이 아닌 이상 어휘집을 사용해 어휘를 암기하는 방법이 가장 효율적이다.

어휘의 중요성은 간과하기 쉽다. 어휘는 '이 정도까지 외워야 해?'라고 생각이 들 정도로 많이 외워도 과하지 않다. 그럼 어떻게 암기하면 좋을까?

초등학생까지는 개별 어휘를 암기했다면, 중학생부터는 이 어휘들을 그룹별로 묶어야 한다. 물론 그룹으로 묶을 정도로 개별 어휘를 다 알고 난 다음에 해당하는 말이다. 예컨대 'spec= see'라는 뜻이 있다. 'spec'이라는 어근에서 파생되는 단어를 그룹별로 암기하는 것이다.

---

spec = see 보다

spectacular: 장관을 이루는(뛰어나게 보이는)

a**spec**: 측면, ~로 보이다

ex**pec**t: 기대하다(밖을 보다)

su**spec**t: 의심하다(안쪽을 보다, 마음을 보다)

in**spec**t: 조사하다(안을 보다)

spectator: 관중

speculate: 사색하다

con**spic**uous: 눈에 띄는(완전히 보인다)

de**spis**e: 무시하다, 경멸한다(아래로 보다)

pro**spec**t: 전망(앞을 보다)

re**spec**t: 존경한다(다시 보다)

어근과 함께 접미사 공부도 중요하다. 예를 들어보자. 접두사 'in'은 '안으로', 'out'은 '밖으로'라는 뜻이다.

---

in 안으로

income: 소득(안으로 들어오다)

input: 투입(안으로 넣다)

insight: 통찰력(안을 들여다보다)

---

intake: 섭취(량)(안으로 가져오다)

indoor: 실내의(문 안쪽)

innate: 타고난, 선천적인(태어날 때부터 안에 지닌)

include: 포함하다(안에 넣고 + 닫다)

infect: 전염시키다(안에 가져오다)

inject: 주입하다, 주사하다(안으로 넣다)

out 밖으로

outcome: 결과, 성과(밖으로 나오는 결과, 성과)

output: 생산, 산출(밖으로 내놓다)

outdoor: 집 밖의, 야외의

outbreak: (전쟁, 질병) 발발, 발생

outstanding: 뛰어난, 눈에 띄는(무리 속에서 바깥 쪽으로 홀로 서 있다는 뜻)

outgoing: 외향적인, 사교적인(밖으로 잘 나간다는 의미)

outflow: 유출(밖으로 흐른다는 뜻)

outlook: 전망, 관점, 견해(바깥을 바라본다는 뜻)

난도가 높은 지문을 읽으면 모르는 어휘가 나온다. 연습할 때는 사전을 찾아볼 수 있지만 시험 중이라면 당황한다. 모르는 단어가 나오더라도 어근을 통해 대략적인 뜻이 추측할 수 있어야 한다. 실제로 고배점 문항 중에 이런 기술을 이용해야 하는 경우가 점점 늘고 있다.

기본 어휘를 외웠다면, 어휘집에 동의어, 유의어, 어근과 같은 어원 word study 부분을 꼼꼼히 보기를 권한다. 어원을 집중적으로 다루는 단어 책은 《능률 Voca 어원편》(NE능률), 《해커스 보카 어원편》(해커스 어학연구소) 등이 있으니 참고하자.

직독·직해를 공부하자

중학교 1학년부터는 직독·직해 학습을 필히 해야 한다. 그렇지 않으면 읽는 실력이 제자리이거나 더 이상 올라가지 않을 것이다. 중학교부터는 중문, 복문으로 이루어진 길고 복잡한 문장을 손으로 분석해서 끊고, 묶고, 뜻을 해석해보는 눈과 손을 써서 하는 분석 연습을 추천한다. 왜 중요할까?

직독·직해란 아주 복잡하고 의미가 한눈에 다가오지 않는 문장이나 지문의 구문을 분석한 후 의미 단위로 나누어 해석하는 것이다. 내 마음속에서 하는 가공하는 해석이 아닌 어색한 우리말로 더듬더듬 읊듯이 하는 해석을 직독·직해라고 한다.

그럼 모든 지문을 이렇게 공부해야 할까? 아니다. 어려운 지문이나 이해가 안 되거나 새로운 내용의 지문만 하면 된다. 실력에 견줘 쉬운 지문은 안 해도 된다. 직독·직해의 최종 목적은 손이나 입으로 굳이 분석해서 내뱉지 않아도 복잡한 지문의 내용이 우리말 지문을 읽은 것처럼 명확하게 이해할 수 있고, 흐름까지 한꺼번에 통합해 읽는 것이다. 즉, 직독·직해는 중간 과정일 뿐이지 최종 목표가 아니다. 언제까지 이런 연습을 하면 될까? 이 중간 과정 없이도 한번 읽고 마지막 단계처럼 독해가 되는 수준까지 연습하면 좋다.

직독·직해를 추천하는 이유는 다음과 같다. 난도가 높아지고 길어지는 문장을 정확히 분석해낸다. 그럼으로써 의미가 정확히 다가온다. 맥락과 대의가 파악되고, 속도와 정답률이 높아진다.

하지만 여기서 문제가 발생한다. 대부분 학생이 직독·직해를 싫어한다는 점이다. 구조가 어려워서 문법 지식이 없으면 잘 해결이 안 되고 한국어로 풀어도 어렵다. 읽기 속도가 붙지 않아 자꾸 걸려 속도가 안 나고, 어쩔 땐 손으로 쓰라고도 한다. 해석을 해봐도 흥미로운 주제가 아니다.

이런 이유로 보통 싫어하지만, 직독·직해를 하면 효과를 많이 보는 경우를 살펴보자. 직독·직해가 필요한 학생 유형은 다음과 같다.

직독직해 공부가 필요한 유형

1. 영어 레벨을 한 단계 상승시키고 싶은 초등학교 5~6학년 이상(하다 보면 문법, 어휘 실력이 다 같이 오른다.)
2. 세부 정보와 고난도 추론 문제를 풀어야 하는 데 느낌과 감으로 해석하는 학생
3. 글이 많은 원서를 잘 읽는데 비문학 지문은 점수가 안 나오는 학생(책을 많이 읽었는데 읽기 오답률이 높은 경우)
4. 막상 해석을 다 했는데 맥락이 잘 파악되지 않는 학생(영어, 국어 모두 안 되는 경우)
5. 중고등학생뿐 아니라 일반적인 영어 공부를 하는 모든 사람

직독·직해를 많이 하면 어떻게 될까? 고등학교 모의고사 수준의 지문이나 토플, 텝스 형태의 난이도 높은 지문을 읽는 수준으로 실력이 향상된다. 결국 굳이 직독·직해를 하지 않아도 정확한 의미를 파악하고, 요약하고 속독할 수 있어 시험 영어에서 아주 유용한 기술이다.

> **직독직해 공부법**
>
> 1. 처음 읽었을 때 40~50% 수준만 이해되는 지문을 고른다.
> 2. 구문을 분석할 때 손으로 쓴다(괄호, 밑줄, 묶기, 화살표 등등).
> 3. 해석과 분석 내용까지 쓰는 건 비효율적이지만 처음에는 해본다.
> 4. 익숙해지면 난이도 높은 지문으로 해본다.
> 5. 더 익숙해지면 각 문단의 핵심 문장만 한다(1~5번이 익숙해지면 문장 분석이 수
>   월해진다. 이 과정을 최소 2년간 해야 한다).

읽기 기술의 발전 순서는 다음과 같다.

'직독·직해를 한다 → 표면적인 해석이 아니라 '내 언어'로 설명이 가능한 수준의 심화 해석을 한다 → 결국 읽기를 잘하게 된다.'

이 과정은 6개월에서 1년 안으로 해결되는 문제가 아니다. 중학교 1학년에서 시작해 최소 중학교 2~3년, 고등학교 입학 전까지 꾸준히 해야 평생 써먹을 수 있는 실력으로 발전한다. 읽기 실력이 상위권으로 진입할 정도가 되면 고난도 지문을 파악할 수 있고 속도도 빨라진다.

독서에는 시간 제약이 없지만 모든 시험에는 시간 제약이 있다. 점수를 가르는 중요한 조건이다. 이를 위해서도 정확하고 빠른 해석을 하는 게 중요한데 속독을 위해서도 직독·직해는 필수 관문이다.

직독·직해를 많이 하면 구문 공부가 되며, 또 구문 학습이 잘되어 있으면 직독·직해 학습에도 좋다. 둘은 어찌 보면 같은 공부다. 목적이 같다. 둘 다 고난도 읽기를 잘하기 위한 필수 기술이다.

고등학교 1학년이 보는 지문을 살펴보자. 다음은 고등학교 1학년이 보는 모의고사 문제 중 일부를 변형한 것이다.

고1 모의고사 지문 변형 예시

Q. 다음 빈칸에 들어갈 말로 가장 적절한 것을 고르시오.

> Interestingly, in nature, _____
> _____. The distinction between predator and prey
> offers a clarifying example of this. The key feature that distinguishes
> predator species from preyspecies isn't the presence of claws or any
> other feature related to biological weaponry. The key feature is the
> position of their eyes. Predators evolved with eyes facing forward
> — which allows for binocular vision that offers accurate depth
> perception when pursuing prey. Prey, on the other hand, often have
> eyes facing outward, maximizing peripheral vision, which allows the
> hunted to detect danger that may be approaching from any angle.
> Consistent with our place at the top of the food chain, humans have
> eyes that face forward. We have the capacity to gauge depth and
> pursue our goals, but we can also miss important action on our
> periphery.
>
> * depth perception 거리 감각 ** periphery 주변

① animals use their eyesight to identify members of their species

② eye sight is closely related to the extinction of weak species

③ humans' eyes facing forward enable them to detect danger

④ the more powerful species have a narrower field of vision

⑤ eyes facing outward are linked with the success of hunting

한눈에 보아도 주제 찾기 능력, 구문 독해 기술, 어법과 어휘에 대한 지식 등을 복합적으로 요구하는 지문이다. 이런 지문은 오답률이 높아서 보통 '분석 지문'을 두고 강의하거나, 학생들에게 직접 '지문 분석'을 하도록 한다. 학교, 학원, 인강 등 모든 수업이 비슷한 방식으로 구문 독해를 진행하는데 보통은 다음과 같은 형식이다.

고1 모의고사 지문 직독직해 구문 분석 예시

주제문장

❶ *Interestingly,* / *in* nature, / more powerful species have a narrower
　　흥미롭게도　　자연에서　　　　더　　강한　　종은　　가지고 있다.

field of vision.
더 좁은　　시야를

❷ The distinction ***between*** predator and prey offers a clarifying
　　 대비는　　　　　　 포식자와　　 피식자의 제공한다.　　 분명한

example **of** this.
예를　이에 대한

❸ **The key** feature that distinguishes predator species ***from*** prey
주요 특징은　　　　　구별하는　　포식자　종과　　　피식자

species isn't the **presence** of **claws or any other feature** related to
종은　　아니다. 존재가　　발톱이나　어떤　다른　특징의　관련된

biological **weaponry**.　❹ The key feature **is** *the position of their eyes.*
생물학적　무기와　　　중요한　특징은　이다.　'눈의 위치'

　　　　　　　　　　　　　　　　　　　　주격관계대명사 계속적용법
❺ Predators **evolved** *with* eyes facing forward — **which** allows
포식자는　진화하였고, 눈을 가지도록 향하고 있는 앞쪽을　이것은　허용한다.

for binocular vision that offers accurate depth **perception** 【 when
양안시(兩眼視)를　　　제공하는　정확한　거리　감각을

pursuing prey. 】
쫓을 때　사냥감을

190

❻ <u>Prey</u>, / on the other hand / *often* <u>have</u> eyes facing *outward*, /
　 피식자는　　　　　 반면에 　　　　　　 대체로　가지고 있으며　눈을 향하는　바깥쪽을 /

maximizing <u>peripheral</u> vision, / which allows *the hunted* to detect
최대화하는　 주변 　　시야를 / 이것은 있게 한다.　사냥당하는 대상이 감지할 수
　　　　주격관계대명사

<u>danger</u> that <u>may be approaching</u> *from* any angle.
　위험을 　　　　　접근하고 있을지 모르는　　어떤 각도에서도

❼ Consistent *with* our place *at* the top *of* the food chain, / humans <u>have</u>
　일치하여,　　　우리의 위치와　 꼭대기에 있는　 먹이사슬의　 / 　인간은
　　　　　　　　　　　　　　주격관계대명사

eyes that face *forward*.
눈을 가지고 있다.　 향하는 앞쪽을

주제문장

❽ We <u>have</u> **the ability** to gauge depth and (to) pursue our goals, / but
우리는 갖추고 있지만,　 능력을 측정하고 거리를　 추격할 수 있는 목표물들을　 또한

we <u>can</u> *also* miss **important action** *on* our <u>periphery</u>.
　　　　놓칠 수도 있다.　　 중요한 행동을　우리　 주변의

---

❶번 문장이 빈칸 '추론 문제'로 출제되었다. 정답은 ④번이다.

해석

흥미롭게도 자연에서 더 강한 종은 더 좁은 시야를 가지고 있다. 포식자와 피식자의 대비는 이에 대한 분명한 예를 제공한다. 포식자 종과 피식자 종을 구별하는 주요 특징은 발톱이나 생물학적 무기와 관련된 어떤 다른 특징의 존재가 아니다. 중요한 특징은 '눈의 위치'다. 포식자는 앞쪽을 향하고 있는 눈을 가지도록 진화하였고, 이것은 사냥감을 쫓을 때 정확한 거리 감각을 제공하는 양안시(兩眼視)를 허용한다. 반면에 피식자는 대체로 주변 시야를 최대화하는 바깥쪽을 향하는 눈을 가지고 있으며, 이것은 어떤 각도에서도 접근하고 있을지 모르는 위험을 사냥당하는 대상이 감지할 수 있게 한다. 먹이사슬의 꼭대기에 있는 우리의 위치와 일치하여, 인간은 앞쪽을 향하는 눈을 가지고 있다. 우리는 거리를 측정하고 목표물들을 추격할 수 있는 능력을 갖추고 있지만, 우리 주변의 중요한 행동을 놓칠 수도 있다.

학교, 학원, 인강 등 모든 수업을 이와 같은 형식으로 진행한다. 여기서 문법 용어를 못 알아듣거나, 문장 단위를 어떻게 분석해야 할지 모른다면 학습에 큰 차질을 빚는다. 문장 단위가 보여야 직독·직해를 하는데 이게 안 되면 아무리 단어를 많이 알아도 소용없다.

재료가 좋아야 음식이 맛있듯이, 직독·직해와 구문 학습이 식재료라면 어휘는 양념이다. 숙련된 요리사는 식자재를 다듬는 과정이 수월하고 빠르다. 따라서 레시피에 맞게 뚝딱뚝딱 맛 좋은 요리를 만들 수 있는 것이다.

독해도 마찬가지다. 한 가지 재료로 음식을 만들 수 없듯이, 직독·직해, 구문, 기초 문법, 어휘, 여러 재료가 모두 적재적소에 필요하다. 요리와 독해 훈련은 예술 작업이다. 하나의 예술 작품을 만들기 위해 숙련공이나 장인이 기초부터 실력을 닦듯 영어도 단계별로 총체적이고 유기적인 관계를 맺으며 숙련의 시간이 필요하다. 중학교 1학년부터 숙련의 시간을 통해 독해 실력을 갈고닦아야 한다.

중학교 2학년

내신을 잘 받는 방법

Q 선생님, 중학교 교과서를 보니 너무 쉬운 거 같아요. 중학교 중간고사, 기말고사는 대입에 크게 영향을 미치는 시험이 아니라서 저희 아이는 내신보다 수능 공부를 시키려고 합니다. 어떻게 생각하세요?

중학교는 수능을 보기 위한 기초 실력을 쌓는 중요한 시기로, 대입 공부에 힘을 쏟아야 한다는 마음에 공감한다. 하지만 중등 내신을 배제하기 보다 수능 공부와 내신 공부 기간을 잘 분배해 학습 계획을 짜는 것이 중학교 2~3학년을 잘 보내는 방법이다.

중학교 내신은 고등학교 내신과 비교했을 때 중요도가 떨어진다. 중학교 내신 성적이 대학 입시에 직접적으로 연관이 있는 건 아니지만 중학교 내신 공부를 열심히 해야 하는 이유는 다음과 같다.

중학교 내신을 통해 학습 관리 능력을 키운다. 전체 과목을 놓고 시간 관리, 진도 관리, 수행평가 준비 등 전반적인 학습 관리 능력을 스스로 키울 수 있다. 중학교 때 이런 학습 관리 패턴을 연습하지 않은 학생이 고등학교 진학해 갑자기 공부하려 한다면 어떻게 공부해야 할지 모른다.

중학교 내신을 대비하면 자기만의 학습 스타일과 패턴을 찾는 데 큰 도움이 된다. 아침과 밤 중 언제 더 공부가 잘되는지, 스터디 카페, 도서관, 집 중 어디에서 더 집중이 잘되는지, 어느 과목에 강하고 약한지 등 공부 습관과 학습 패턴을 찾는다. 이는 고등학생이 되었을 때 시행착오를 줄이는 습관이 된다.

중학교 교과 내용은 고등학교 교과 내용을 기반으로 한다. 중학교 내신이 중요하지 않다는 이유로 중학교 교과 내용을 소홀히 하는 아이들도 있다. 중학교 때 배우는 내용은 고등학교 학습의 큰 거름이 된다. 중학교 때 배워야 할 단어, 해석 능력, 문법에 대한 정리가 되어 있어야 고등 과정도 무리 없이 소화한다. 선행보다 심화가 중요한 이유이기도 하다.

제때 제 공부만 제대로 하면 탈이 없다. 따라서 중학교부터 차근차근 준비하자. 이제 중학교 2학년을 어떻게 보내야 하는지 알아보자.

내신 준비에 대하여

일반 중학교 내신 범위와 학습량, 대비법에 대해 알아보자. 보통 학교 내신 범위는 교과서 단원 2개와 담당 영어 선생님이 외부에서 가지고 오는 지문 2~6개 정도다. 자습서라는 개념을 알고 있을 것이다. 내신 공부를 위해서 거의 모든 학생이 교본처럼 사용하는 자습서 같은 시중 교재가 있다.

《100발 100중》(에듀윈) 시리즈 교재인데 이 한 권을 모두 마치면 교과서에 나오는 기본 단어와 지문은 암기가 저절로 될 정도로 자세히 반복시킨다. 《100발 100중》 시리즈 자습서를 1차로 우선 푼다. 보통 2주 정도 걸리는데 이 자습서를 다 풀면 '이그잼포유' 사이트에서 연습문제를 내려받아 푼다. 이 과정도 열흘 정도 걸린다. 열흘 동안 매일 풀어도 되지만 격일로 2~3시간씩 풀 수 있는 양이다.

평균 학습자라고 생각했을 때 내신 대비 기간은 한 달 정도가 적절하다. 한 달이 넘는 기간은 길다. 긴 시간 투자할 만한 시험은 아니다. 물론 교과서 내용도 너무 어려워서 기초 단어부터 암기해야 하고, 짧은 문장도 통 암기가 힘든 학생은 한 달 이상 해야 한다.

한 학기에 내신이 두 번 있는 학교라면, 일 년에 넉 달이라는 시간을 내신 대비에 투자하는 꼴이다. 그럼 나머지 여덟 달은 어떻게 보내야 하는가? 나머지 달에는 수능 기초 학습을 하는 데 투자해야 한다. 고등학교에 가서 무너지지 않기 위해서다. 내신 범위와 학습량, 학습 순서를 정리하면 다음과 같다.

내신 범위와 학습량, 학습 순서

- 범위 : 교과서 지문 2~3개와 외부 지문 4~6개
- 기간 : 3주~최대 4주
- 학습 순서 : 단어 암기 → 본문 암기 → 본문 영작 백지 테스트 → 각 단원별 문법 포인트 내용 이해와 암기 → 서술형 있는 학교라면 서술형 문제 연습 → 형성 평가, 기출 문제, 직전 보장 문제를 활용해 시간 재고 푸는 연습하기

참고서 추천

《내신콘서트》, 《100발 100중》 가장 많이 쓰는 내신 대비용 참고서다. 첫 2주간 이 참고서를 이용해 본문과 핵심 문법을 완벽하게 이해하고 암기한다. 홈페이지도 있으니 참고하자.

- 《내신콘서트》 : naesinconcert.com
- 《100발 100중》 : 100bal.com

참고 사이트

내신 대비 3주차부터는 다음의 사이트에서 형성평가식 변형 문제와 서술형 대비 문제를 구해 적용력을 키운다. '족보닷컴'에는 우리 학교 기출 문제가 무료로 제공되며 예상 문제도 구할 수 있다.

- 황인영 영어카페 : 강사 선생님들이 만든 자료가 많이 있다. 변형 문제 등 많은 문제를 풀어볼 수 있다. 일일이 찾아봐야 하는 번거로움이 있지만 가입하면 무료로 사용 가능하다.
- 족보닷컴 : 유료 사이트로 강남 3구 기출 문제 등 고난도 문제를 제공한다. 해당 학교 전년도 기출 문제 무료 제공, 예상 족보 문제도 출력 가능하다.
- 이그잼포유 : 8단계로 이루어진 반복 연습 형식으로 3단계 형성평가 문제를 제공한다. 유료 사이트다.

고등학교에 입학했을 때 안정적인 상위권을 바라본다면 읽기, 문법, 어휘 학습을 내신이 없는 달에 꾸준히 해야 한다. 이렇게 학습 계획을 짜고 중학교 2학년과 중학교 3학년을 보내면 고등학교에 가서 무너지지 않고, 중간중간 돌아오는 내신 준비 기간에 학습이 쉬워지는 경험을 하게 된다.

실제로 내가 가르치는 아이들은 "얘들아, 이제 내신 다가오네. 다음주부터는 내신 수업할 테니 《내신콘서트》 준비해 오세요" 하면 손뼉을 치며 환호한다. 그만큼 내신이 없는 달에 많은 학생이 내신 수업을 뛰어넘을 만큼의 양과 고난도의 기초 학습을 열심히 하고 있다는 뜻이다.

06

중학교 3학년

고등 대비에 총력을 다하는 방법

Q 중학교 때 '고등 심화'를 해야 된다는 말이 있는데, 무엇을 해야 하나요?

Q 중학교 3학년이 매우 중요하다는데 뭘 준비해야 하나요?

중학교 3학년은 정말 중요한 시기다. 고등학교에 진학하기 전 마지막 학년이다. 어떻게 준비하면 고등학교에 가서 후회하지 않는 1년을 보낼 수 있을까? 무엇을 기준으로 학습 계획을 짜야 할지 알아보자.

중학교 3학년이 시작되었다. 막상 고등학교 과정을 준비하려 해도 아이의 수준이 명확히 다가오지 않을 것이다. 이럴 때 고등학교 모의고사로 기준을 잡으면 제일 정확하게 목표치를 설정할 수 있다.

고등학교 모의고사는 왜 중요할까? 고등학교에 입학하면 전국적으로 1년에 4번 모의고사를 치른다. 중학교 때는 반 석차, 전교 석차로 성적을 가늠하지만, 고등학교 때는 전국 단위로 성적을 받는다. 대입을 고려할 때 현재의 실력을 가늠하기 위한 최적의 지표다.

특히 3월 모의고사는 의미 있는 지표로 반드시 90점을 우회하는, 안정적인 1등급 수준으로 공부를 해놓아야 한다. 1학년 모의고사를 기준으로 잡은 건 최소의 기준이다. 1학년 3월 모의고사는 중학교 3학년 과정을 묻는 수준으로 출제되기 때문이다. EBS 사이트에서 내려받아 반드시 풀어보자.

명심할 것은 70분이란 시간을 엄수해야 한다는 점이다. 시간을 재고 풀어야 정확한 자신의 기준을 알 수 있다. 많은 학생이 시간을 재고 푸는 시험에 대한 연습이 많이 안 되어 있어 오랜 시간 풀고 1등급이 나왔다고 좋아한다. 고등학교 1학년 모의고사를 정해진 시간 내풀게 해 아이의 현재 실력을 알아보자.

고1 모의고사가 90점 이하라면

독해서, 문법 기본서, 어휘집 1권을 정하자. 딱 이 3권을 완벽히 소화한다고 생각하고 시간표를 짜서 공부한다.

독해서는 자기 수준보다 한 단계 높은 문제집을 선택한다. 어휘나 구문 등 어느 정도 분석하고 한 단계씩 수준을 올릴 만한 지문이 실린 책이 좋다.

독해를 시작하기 전 단어 암기는 필수다. 어휘를 실은 미니 어휘장이나 온라인 사이트에서 제공하는 어휘집을 사용해 예습하고 암기한 후 독해를 하는 것이 좋다. '어휘 암기, 지문 분석, 문제 풀기' 이 3단계 방법으로 1년 동안 약 4~5권을 보자.

많은 문제 풀이보다 문법 개념서 1권을 정해서 여러 번 회독하는 것이 좋다. 모의고사에 문법 문제를 직접적으로 묻지 않지만 독해 실력을 보면 문법 실력이 가늠이 된다. 모의고사 90점 이하라면 문법 실력도 90점 이하 수준이다. 개념을 완벽히 암기하는 연습을 하고 구문을 분석하며 학습한다.

구문 분석 학습서는 《천일문》 시리즈(쎄듀)가 좋다. 여러 단계로 나눠져 있는데 읽어봤을 때 '나는 이렇게 분석하지 못할 거 같은데'라고 느껴지는 책을 선택해 구문 분석을 연습한다.

독해서에서도 어휘를 암기하지만, 따로 어휘집을 정해 한 과목으로 여기는 일은 이 단계에서 필수다. 앞으로 수능 보기 전까지 어휘 암기를 꾸준히 한다고 생각해야 한다. 중·고등 어휘서는 범위나 내용이 보통 수능 기출 문제 어휘 위주로 구성되어 있다. 어휘집 한 권을 2회독하며 모르는 어휘가 없을 정도로 암기한다. 유의어, 반의어까지 반드시 함께 암기한다.

고1 모의고사가 80점 이하라면

이 점수 구간이라면 비상 상황이다. 길게 쓰는 방법은 아니지만 단기간 독해보다 '어휘 암기'에 시간 투자를 더 하자. 80점을 못 넘긴다는 것은 읽기 속도도 떨어지고, 내용도 이해가 잘 안 된다는 거다. 읽기 능력이 매우 부족하다고 봐야 한다. 초등학생이라면 "읽기, 듣기, 문법을 기초로 차근차근 균형 있게 공부하세요"라고 말하겠지만 중학교 3학년이라면 시급하다.

80점 이하라면 일단 어휘집 1권만 제대로 암기해도 지문에 손대기가 수월해진다. 이 학생들의 가장 큰 특징이 뭘까? 70분 동안 주어지는 45개의 문제 중 많이 풀어봤자 35번까지 풀었는데 시험 시간이 끝난다는 거다. 비일비재한 일이다.

정규 수업 외에도 어휘 암기에 총력을 가하여 독해 유창성, 쉬운 말로 끝까지 지문을 읽을 수 있을 정도로 걸리는 단어가 없게 만드는 작업을 해야 한다. 무식한 방법 같지만 단기적으로 사용해도 괜찮다. 한 달에서 두 달, 방학을 이용하거나 시간을 따로 떼어 어휘 암기와 읽기 공부 시간을 일대일로 잡고 시작하자. 알짜배기 같은 고등학교 모의고사 기출 어휘를 암기하는 게 좋다.

고1 모의고사가 95점 이상이라면

고등학교 2학년 수준의 난이도 높은 독해서를 보면 된다. 모의고사의 킬러 문항만 집중적으로 모아놓은 교재가 좋다. 킬러 문항이란 초고난도 문제를 가리킨다. 3월, 6월, 9월 모두 95점을 안정적으로 상회한다면 어느 정도 기초 실력이 있다는 뜻이다. 이럴 경우는 고등학교 2학년 수준을 목표로 잡고 공부하자.

킬러 문항을 집중적으로 공부하며 유형별 문제를 푸는 요령을 완전히 익히는 게 좋다. 이 정도로 해놓으면 고등학교에 진학해서 어휘만 계속 암기하고 주기적으로 모의고사를 풀면서 감을 잃지 않고 실력을 유지할 수 있다. 상위권 학생들이 하는 방법이다.

수능 영어 고난도 유형을 집중 공략하자

킬러 문항은 1등급과 2등급을 가르는 기점이 되는 문항들이다. 모의고사는 보통 2점 문항들로 이루어지는데, 킬러 문항들은 45문제 중 7~8문항 정도로 3점짜리 문제다. 90점대로 진입하느냐 마느냐를 결정짓는다. 4가지 고난도 문항을 정복해야 수능 영어 1등급을 받을 수 있다. 함축 의미 추론, 빈칸 추론, 순서 배열, 문장 삽입 문제가 주를 이룬다.

'함축 의미 추론 유형'은 2018년 신유형으로 출제된 이래로 학생들이 가장 많이 어려워하는 문제 유형이다. 밑줄 친 부분이 의미하는 바를 추론해야 하는 문제다. 심화 독해가 돼야 글의 맥락을 올바르게 파악할 수 있다. 이 유형이 유난히 어려운 또 다른 이유는 선택지에서는 지문이 패러프레이즈Paraphrase(다른 말로 바꿔 인용한 문장)되어 나온다는 점이다. 심도 있는 이해와 논리력, 탄탄한 어휘 실력까지 모두 요구한다.

'빈칸 추론 유형'을 공략하기 위해서는 복잡한 구문을 분석하며 글을 정확하게 해석할 수 있는 능력이 필요하다. 글의 핵심 주제와 요지를 파악해 빈칸의 근거를 해당 지문 속에서 찾아내야 한다.

최근에는 빈칸이 지문 곳곳에 배치되어 있다. 글에 대한 단편적인 이해만으로는 정답을 추론하기 더욱 어려워졌다. 또한 지문의 길이가 길고, 빈칸을 포함하고 있는 구문이 복잡해 빈칸의 단서를 찾기가 더욱 어려운 게 특징이다. 따라서 빈칸 추론을 공략하기 위해서는 구문 분석, 주제와 결을 같이 하는 단어와 어구 찾기, 이를 조합해 추론하는 능력 등 복합적인 훈련을 해야 한다.

전통적인 킬러 문항 중 하나로 '순서 배열 유형'을 빼놓을 수 없다. 문단 간 논리적 연결성을 파악해 글의 흐름을 전체적으로 읽을 수 있는 종합 이해력을 요구한다. 특히 연결어, 접속사, 대명사, 관사 등 명시적인 단어를 단서로 파악해 문단 간 연결성을 파악하는 것이 이 유형을 해결하는 중요한 열쇠다. 그러나 최근에는 직접적인 단서를 제공하지 않고 글의 흐름을 파악해 순서를 배열해야 하는 수준 높은 문제가 출제되고 있다. 따라서 글의 통일성과 문단 간 논리적 연결성을 파악하는 훈련을 해야 한다.

'문장 삽입 유형'은 순서 배열 문제와 정답을 도출하는 과정이 비슷하다. 전체적인 글의 흐름을 파악해 주어진 문장이 들어가기 적절한 위치를 찾는 문제가 출제된다. 그러나 순서 배열 유형과 마찬가지로 최근에는 명시적인 단서의 사용을 줄여 출제된다. 즉, 힌트가 별로 없다. 문장 간 단절이 일어나는 부분을 찾아야 해서 난이도가 높아지는 추세다.

최근 수능 영어의 경향은 3가지다. 첫째, 글의 흐름을 꿰어 맞추는 논리적, 분석적 해석을 잘해야만 풀 수 있다. 다음은 2023년 고3 모의고사 지문을 변형한 것이다. 수능도 이와 비슷한 형태라고 보면 된다.

고3 모의고사 지문 변형 예시

Q. 주어진 글 다음에 이어질 글의 순서로 가장 적절한 것을 고르시오.

Prior to photography, places did not travel well.

(A) Photography became coupled to consumer capitalism and the globe was now offered in limitless quantities, figures, landscapes, events which had not previously been utilised either at all, or only as pictures for one customer. With capitalism's arrangement of the world as a 'department store', 'the proliferation and circulation of representations achieved a spectacular and virtually inescapable global magnitude'.

(B) While painters have always lifted particular places out of their 'dwelling' and transported them elsewhere, paintings were time-consuming to produce, relatively difficult to transport and one-of-a-kind. The multiplication of photographs especially took place with the introduction of the half-tone plate in the 1880s that made possible the mechanical reproduction of photographs in newspapers, periodicals, books and advertisements.

(C) Gradually photographs became cheap massproduced objects that made the world visible, aesthetic and desirable. Experiences were 'democratised' by translating them into cheap images. Light, small and mass-produced photographs became dynamic vehicles for the spatiotemporal circulation of places.

* proliferation: 확산   ** magnitude: (큰) 규모   *** aesthetic: 미적인

① (A) − (C) − (B)　　② (B) − (A) − (C)　　③ (B) − (C) − (A)

④ (C) − (A) − (B)　　⑤ (C) − (B) − (A)

해석

도입부

사진이 나오기 전에는 장소를 잘 이동하지 않았다.

(B)

화가들은 항상 거주지와 같은 일상의 모습보다는 특별한 장소로 이동하여 그 모습을 그려왔지만, 그런 방식은 제작에 시간이 오래 걸렸고, 상대적으로 운반이 어려웠으며, 단품 수주 생산이었다. 사진의 증가는 특히, 신문, 정기간행물, 책 그리고 광고에서 사진의 기계적인 복제를 가능하게 한 1880년대 하프톤 판의 도입으로 이루어졌다.

(A)

사진은 소비자 자본주의와 결합하게 되었고 이제 세계는 '이전에는 전혀 사용되지 않았거나 단 한 명의 고객을 위한 그림으로만 사용되었던 인물, 풍경, 사건들을 무제한으로 제공받았다. 자본주의가 세계를 '백화점'으로 정리함에 따라, '표현물의 확산과 유통'은 극적이고 사실상 피할 수 없는 세계적 규모를 달성했다.

(C)

점차 사진은 세계를 가시적이고, 미적이며, 탐나게 만드는 값싼 대량 생산품이 되었다. 경험들은 그것을 저렴한 이미지로 바꿈으로써 '대중화'되었다. 가볍고 작고 대량으로 제작된 사진은 장소의 시공간적 순환을 위한 역동적인 수단이 되었다.

정답

② (B) – (A) – (C)

문제 풀이 과정

주어진 문장: 사진이 나오기 전에는 장소를 이동하기 어려웠음 → **변화 전**: 화가들이 그림을 그렸지만 그림 제작은 시간이 오래 걸리고 운반이 어렵고, 대량 생산이 어려웠음 → **변화 후**: 사진 기술과 자본주의가 결합하면서 다양한 사진을 많은 사람이 볼 수 있게 되었음 → **요지**: 사진은 가볍고 작고 대량으로 제작되면서 대중화되었고 시공간을 넘나들게 하는 수단이 됨

핵심 주제

사진이 가져온 변화: 사진이 가볍고 작고 대량 생산되면서 시공간을 뛰어넘게 하는 수단이 됨

이처럼 변화 전후로 나누어 생각하며 해석 흐름에 집중하여 푸는 것이 요령이다. 위와 같은 해석의 논리적 흐름을 머릿속에서 그리며 정답을 도출하는 과정이 훈련되어야 한다.

둘째, 다의어와 추상적인 표현이 등장하고 소재가 난해하다. 다음은 오답률이 높은 어휘 지문인데, 어휘가 깊이 있게 학습되어 있어야 이해가 가능한 지문이 많이 출제되고 있다.

Q. 다음 글의 밑줄 친 부분 중, 문맥상 낱말의 쓰임이 적절하지 <u>않은</u> 것은?

In economics, there is a principle known as the **sunk cost** fallacy. The idea is that when you are invested and have ownership in something, you ① **overvalue** that thing. This leads people to continue on paths or pursuits that should clearly be ② **kept**. For example, people often remain in ③ **terrible** relationships simply because they've invested a great deal of themselves into them. Or someone may continue pouring money into a business that is clearly a bad idea in the market. Sometimes, the smartest thing a person can do is ④ **quit**. Although this is true, it has also become a tired and played-out argument. Sunk cost doesn't always have to be a bad thing. Actually, you can **leverage** this human tendency to your ⑤ **benefit**. Like someone invests a great deal of money in a personal trainer to ensure they follow through on their commitment, you, too, can invest a great deal up front to ensure you stay on the path you want to be on.

① overvalue　　② kept　　③ terrible　　④ quit　　⑤ benefit

해석

경제학에서 '매몰 비용 오류'라고 알려진 원리가 있다. 여러분이 어떤 것에 투자하고 소유권을 가지면, 그것을 지나치게 중시한다는 생각이다. 이것은 사람들이 분명히 그만두어야 하는 경로를 계속 따르거나 계속해서 추구하게 한다. 예를 들어, 사람들은 그저 자신의 많은 것을 그 관계에 투여했기 때문에 빈번하게 끔찍한 관계를 유지하곤 한다. 또는, 누군가는 시장에서 분명히 나쁜 아이디어인 사업에 계속 돈을 쏟아부을지도 모른다. 때로는 한 사람이 할 수 있는 가장 현명한 일은 그 일을 멈추는 것이다. 이것이 진실이더라도, 그것은 또한 식상하고 효력이 떨어진 주장일 수 있다. 매몰 비용이 언제나 틀림없이 나쁜 것은 아니다. 실제로, 여러분은 이 인간적인 성향을 여러분에게 득이 되도록 이용할 수 있다. 확실히 자신과의 약속을 끝까지 완수하기 위해 많은 돈을 개인 트레이너에게 투자하는 사람처럼, 여러분 또한 여러분이 있고 싶은 경로에 확실히 있기 위해 선지급으로 많은 것[돈]을 투자할 수 있다.

② kept (보유하다) → **abandoned** (그만두다)

매몰 비용 오류에 관한 내용의 글로 본인이 투자하거나 소유하고 있는 것을 지나치게 중요하게 생각해서 손해를 무릅쓰고 보유하는 경향이 있으므로, 그만두어야 하는 대상으로 보는 것이 적절하다.

매몰 비용 오류

셋째, 문장이 길기만 한 게 아니라 매우 불친절하다. 의미 단위를 어떻게 묶어 해석해야 하는지 쉽게 보이지 않는다. 구문 분석 훈련이 중요한 이유다.

같은 1등급이라도 95점과 100점은 다르다. 상위권 학생일수록 1~2개 문제 차이로 등급이 바뀌기 때문에 고난도 문항 대비를 위한 실전 연습이 필요하며, 중하위권 학생들은 상위권으로 도약하기 위해 자신의 취약점을 보완할 수 있도록 학습 전략을 세워야 한다.

누구나 다 맞는 쉬운 문제를 맞히는 것도 중요하지만, 최종 등급은 결국 고난도 문항에서 판가름이 나기 때문에 한 문제의 실수로 등급이 떨어지지 않도록 해야 한다.

중학교 3학년 2학기 이렇게 보내자

중학교 3학년 2학기는 어느 고등학교에 진학할 건지 정하는 시기다. 진학 예정인 고등학교 내신 문제 출제 경향을 알아두고 2학기부터 해당 학교 서술형 문제나 학교 특성에 맞춘 문제 풀이를 대비하는 것이 좋다. 어느 학교는 어휘 문제가 특히 어렵게 출제한다든지 외부 지문이 특별히 난이도가 높다든지 하는 학교별 내신 문제의 특징이 있다.

이외에 공통으로 준비해야 할 부분은 내신형 서술형 문제다. 고등학교 내신의 서술형 난도는 중학교와 비교할 수 없을 정도로 높다. 고등학교 내신형 서술형 대비 문제집 한 권 정도 반드시 풀고 대비하기를 바란다.

아래는 고등학교 평균 내신 범위이니 참고하자. 대부분 4가지 종류를 섞어 문제가 출제되며, 세 번째 수능 연계 교재 문제 출제 비율이 대체로 높은 편이다.

고등 내신 평균 범위

- 교과서 단원 2~3개
- 시험 기간 이전의 교육청 또는 평가원 모의고사 1개
- 《리딩파워》, 《올림포스》, 《수능 라이트》, 《수능특강》 등 수능 연계 교재
- 외부 지문(토플, 텝스, 뉴스 기사, 문학 작품 등)

아래는 내신 자료를 구할 수 있는 사이트다. 고등학생이라면 대부분 자료를 여기서 구하니 활용하자.

고등학교 내신 자료를 구할 수 있는 사이트

– 아잉카 아카데미: ourenglishcafeacademy.com

– 족보닷컴: www.zocbo.com

– 이그잼포유: www.exam4you.com

– 황인영 영어카페: cafe.naver.com/maljjang2

– 기출비: cafe.naver.com/michiexam

– 나무아카데미: www.namuacademy.com

최상위권

최상위권을 유지하는 방법

최상위권도 고민이 있다. 내 경험상 최상위권 부모도 나름대로 고민이 깊다. 내가 경험한 최상위권 학생 부모들이 공통으로 가지고 있는 고민을 정리해보았다.

Q 선생님, 초등학교 6학년 엄마입니다. 아이가 고등학교 2학년 영어 모의고사를 풀면 늘 1등급이 나와요.

고등학교 진학까지 시간이 많이 남았는데, 토플을 해야 하는지 아니면 문법과 단어 위주로 지금처럼 해도 되는지 고민됩니다.

지금부터 뭘 하면 좋을까요?

Q 이미 영어 실력을 많이 다져 놓았습니다. 영어에 올인하고 싶지 않고, 영어 학원에 너무 많은 시간을 쏟고 싶지 않습니다. 하지만 뭔가 불안한데 무엇을 해야 할까요?

Q 중학교 2~3학년 내신 영어는 너무 쉬워요. 수능을 대비해야 할까요? 하지만 아이가 6학년인데 고등학교 모의고사를 풀게 하기는 부담스럽습니다. 아니면 토플이나 텝스를 준비해야 할까요? 한편으로는 이러다가 중학교 내신을 망치는 건 아닌지 걱정입니다.

Q 아이가 영어를 잘하는데 외고, 전국 단위 자사고, 광역 자사고 어디로 보내야 할지 고민됩니다.

그렇다면 최상위권은 어느 정도 수준을 말하는 걸까? 초등학교 6학년~중학교 1학년 기준으로 '최상위권 자가 테스트' 항목에 5가지 중 5개라면 최상위권으로 분류하고 '특징 & 공략법'에 따라 로드맵을 설정해보자.

초등학교 5~6학년이거나 중학교에 진학했는데 '최상위권 자가 테스트' 5가지 중 4개 이하라면 최상위권 로드맵을 따르기 보다 현행에 집중하는 게 좋다. 무리하게 최상위권 로드맵을 따라가는 것보다 실력 다지기에 도움이 되기 때문이다.

또한, 중학교 내신도 어려워할 가능성이 있는 학생이므로 차라리 학습 습관 형성에 힘을 쏟는 게 성적을 위해 맞는 일이다.

최상위권 치고 암기가 능숙치 않고, 성실하지 않고, 정통 한국식으로 공부하지 않는 아이는 없다. 최상위권은 이미 학습 습관이 잡혀 성적만 가지고 경쟁하기도 빠듯한 단계다.

최상위권 자가 테스트

☐ 독해는 원서(《Harry Potter》와 같은 판타지가 아닌 인문, 사회 분야)를 읽고 분석할 수 있다. 독후 활동을 할 수 있다.

☐ 고급 독해서를 정답률 90% 이상 꾸준히 유지하며 풀 수 있다.(《Reading expert》 3단계 이상, 토플 70점 이상)

☐ 어휘 암기 습관이 체득화되어 있다. 비문학 독해 어휘 다량 보유력이 높은 편이다.

☐ 기초 문법은 중학교 문법 N회독을 마쳤으며 백지 테스트 시 개념을 쓸 수 있다. 테스트 시 90% 이상 정답률이 나온다.

☐ 에세이를 쓸 수 있다. 5단락 이상으로 된 논지가 있는 글쓰기를 할 수 있다. 문체를 바꿔가며 요지에 맞게 쓸 수 있다.

특징 & 공략법

초등학교 6학년

– 입시 부담이 가장 적고, 시간이 많은 학년이므로 원서 강독(단순한 리딩 아닌 글의 뜻을 파악하며 읽기) 비중을 높여도 되는 시기

– 기초(입시 기준 토플 지문을 볼 수 있을 정도) 리딩 실력에 올인해야 할 시기

– 어휘를 암기하고(동의어, 반의어까지 모두), 방학 기간을 이용해 토플 쓰기와 말하기까지 공부할 것

중학교 1학년

- 고등학교 실력의 60% 이상을 결정하는 시기(전 과목 중 영어(수학)를 가장 많이 하는 시기)
- 영어 실력 향상 최적기(내신 아님)
- 6학년과 동일 과정 이어서 진행할 것

중학교 2학년

- 고교 진학 결정 시기(외고, 자사고, 일반고)
- 고교 진학 결정에 따라 학습법 달라짐(토플, 수능, 텝스)
- 외고, 자사고 준비: 소설 강독, 인문 사회 융합적 사고 필요(독해서, 인문서, 고전), 토론, 텝스 준비할 것
- 일반고(상위권): 문법, 어휘
- 학군지 일반고: 텝스 또는 고등 내신을 대비할 것

일반고 영어 내신 1등급 수준

독해, 어휘, 문법. 이 3가지는 기본 영작 능력에 모두 요구되는 영역이다. 내신이 독해나 어휘는 수능보다 약하지만 문법이나 서술형은 난이도가 매우 높다. 특히 10점 같은 아주 고배점 문항으로 많이 출제된다. 범위가 중학교 때보다 배로 늘어나고 도대체 어디에서 나온 지문인지 궁금한 내용도 많다.

수능을 잘 풀면 내신 독해 문제도 잘 풀 수 있다. 까다로운 문법 문제가 많고 문법에 정확하게 맞게 영작해야 하므로 중학교 때 고등학교 영문법을 선행해 문법 실력을 갖춰 놓아야 한다.

독해를 푸는 것만이 문제가 아니다. 독해 문법을 일일이 설명할 수

있어야 하고, 해석만 주면 그 문장을 만들 수 있어야 한다. 수능은 주관식이 없는데 내신은 주관식이 많다. 관사, 수사, 3인칭 같은 것은 틀리기 좋다.

에세이는 아니더라도 문장 쓰는 연습을 많이 준비해야 한다. 정확한 문법에 기반한 문장 쓰기를 연습하고, 수업 시간에 한 모든 수업 자료를 통째로 암기하자. 이렇게 내신을 준비한다면 자연스럽게 수능 1등급을 받을 수 있을 것이다.

5장

영어 공부의

오해와 진실 Top 10

학원 운영을 오랫동안 하다 보니 나에게 자주 묻는 공통된 질문이 있다. 이번 장에서는 그 질문을 엄선해 답변을 해보려 한다. 소개하는 공부법이 정답은 아니지만 적어도 영어를 공부하는 길(방법)을 찾기 어려워하는 부모들에게 방향성을 제시해줄 수 있으리라 믿는다. 중요한 점은 '내 아이의 실력에 맞는 방법을 찾아 꾸준히 해야 한다는 점'이다.

01

홈스쿨링을 할 때
유의할 점

초등학교 1~4학년까지 홈스쿨링을 하는 부모가 많다. 홈스쿨링으로 성공하기 위해서는 몇 가지 조건을 갖춰야 한다. 먼저 장소를 정해야 한다. 같은 자리, 같은 책상에서 해야 한다. 나도 원에서 근무할 때 아이들을 코칭하는 자리가 따로 있다. 그 자리로 부르면 아이들은 공부에 필요한 준비물과 마음가짐으로 자리에 앉는다.

그다음으로 시간 정하기다. 시간을 정해두지 않으면 우선순위에서 밀리기 쉽다. 무슨 일이 있어도 지켜야 하는 시간으로 여겨야 한다. 학원이나 과외를 해도 등원, 하원 시간, 선생님이 오시는 시간, 끝나는 시간이 정해져 있지 않은가. 가장 지키기 힘든 부분이겠지만 중요한 요소다. 학원에 보냈다 생각하고 수업 시간과 쉬는 시간, 요일별 과목을 정해두고 지키자.

장소와 시간을 정했다면 규칙적으로 반복해야 한다. 불가피한 사정이 아니면 정해둔 장소와 시간에서 시간표를 따라 공부하고 일정 기간 해야 한다. 적어도 같은 방법으로 6개월은 해야 한다.

수업 시간에는 집중해야 한다. 홈스쿨 시간에는 부모나 아이나 메신저나 SNS를 보지 않는다. 집중을 방해하는 요소를 포기한다. 공부라는 행위도 따지고 보면 불필요한 것을 자제하고 필요한 것에 집중하는 것이다.

또 꾸준히 계속해야 한다. 하루 이틀, 한 주, 두 주가 아니라 1년, 2년 계속해야 한다. 그러기 위해서는 기록을 하여 하루하루의 성과가 눈에 보이게 해야 한다. 학원도 그날그날 아이들의 단어 시험 기록과 숙제 완성 여부를 기록한다. 수업할 때마다 기록하고 표시하며 아이의 학습 상태를 확인한다. 홈스쿨링을 하는 부모가 가장 모를 수 있는 부분이지만 이것은 지도의 기본이다.

계속하기 위해서는 휴식이 필요하다. 공부하는 일이나 지도하는 일은 꽤 피곤한 일이다. 긴장감 있게 공부하고 지도하는 대신 반드시 쉬어서 여유를 찾아야 한다. 약속된 공부 시간이 끝나면 반드시 아이에게 쉴 시간을 준다. 영어를 계속해야 한다는 강박에서 벗어나 쉬거나 다른 과목에 힘쓴다. 아무것도 하지 않는 시간도 사실은 무언가를 준비하는 시간이라는 마음가짐이 필요하다.

장기 목표를 세운다. 월, 수, 금을 공부하든 화, 목을 공부하든 1년 후나 2~3년 후에 어디까지 공부하겠다는 청사진이 있어야 한다. 내게는 그것이 연간 커리큘럼을 짜는 일이다. 거창하게 들릴 수 있지만 3개월간의 계획을 4회 짜면 된다. 실제로 원 운영 계획도 분기별로 짜놓는다. 중간에 얼마든지 수정할 수 있다. 홈스쿨링을 하겠다고 마음먹었다면 해야 하는 일이다.

지도의 핵심은 관리다. 좋은 학원, 나쁜 학원을 가리는 기준도 관리다. 부모가 전문성까지 갖추기는 무리가 있지만, 전문성을 만회할 장점이 관리 부분이다. 대상은 성적 관리, 숙제 관리, 수업 태도 관리, 자료 관리 등 할 게 많다.

무엇보다 부모의 마음 관리가 중요하다. 지도하는 일은 스트레스와 동거하는 일이다. 스트레스는 지도하는 사람의 숙명이고, 아이의 성적은 스트레스를 쥐어짜서 뽑아낸 즙과 같다. 계속해서 지도하려면 실패를 이겨내는 힘이 필요하다. 그런 면에서 지도는 실패의 연속이다. 실패를 딛고 계속해서 나아지면 그걸로 된다는 마음가짐이 필요하다. 그래야 계속 지도할 수 있다.

지도를 방해하는 주범은 완벽주의다. 가뜩이나 새가슴인 나는 아이들 시험 기간만 되면 스트레스를 심하게 받았다. 나의 지도 여정은 스트레스와 싸우는 과정이었다. 그래서 늘 주문을 외운다. 종교인의 식사 기도와 같은 거다. 일종의 자기 암시로 이런 내용이다.

나는 할 수 있는 노력을 다하고 있다. 결과만 의미 있는 것은 아니다. 아이가 못해도 끙끙 앓는 시간도 소중하다. 이 또한 의미 있는 시간이다. 언젠간 결과로 나올 것이다.

지금 지도하는 게 얼마나 결과에 보탬이 될지 모르지만, 혹시 결과로 나오지 않더라도 모든 공부는 의미가 있다. 이전보다 낫기만 하면 된다. 못하면 또 어떠랴. 너무 완벽하게 가르쳐야 할 이유도 없다.

무너지는 게 당연하다. 아이는 다 다르다. 무너지고 상처받더라도 다시 하면 된다. 언젠간 된다. 생채기에 딱지가 덕지덕지 나더라도 하루하루 가르칠 것이다.

가르치는 사람이나 하는 사람이나 늘 잘할 수 없다. 모든 시험을 잘 볼 수도 없다. 전보다 나으면 된다. 그러려면 필요한 게 있다. 슬럼프에 익숙해져야 한다. 아이의 나이와 레벨을 막론하고 정체기는 항상 있다.

스트레스가 지도 과정에서 그때그때 부딪히는 걸림돌이라면, 슬럼프는 장기간 계속된다. 일정 기간을 통째로 앗아간다. 그래서 더 심각하다. 로드맵 강의에서 가장 많이 받는 질문 중 하나가 슬럼프에 관한 것이다.

"아무리 해도 안 늘어요. 정체된 느낌이에요. 어떻게 극복할 수 있나요?"

슬럼프에 빠지는 이유는 여러 가지다. 아이가 재미를 못 느끼는 경우다. 쉬운 단계로 조정해 성취감을 맛보게 해 다시 시작하면 된다. 또, 방법이 아이와 맞지 않을 수 있다. 커리큘럼을 조정할 필요가 있다. 학습서 비중을 줄이고 책 읽는 비중을 늘리는 것도 방법이다.

교재가 아이 성향과 맞지 않을 수도 있다. 모르는 단어가 너무 많아서 학습에 속도감이 없어서 그럴 수도 있다. 과목이 너무 많을 수도 있다. 반대로 너무 적어서 느슨할 수도 있다. 아니면 시간이 너무 길거나 짧을 수도 있다. 잘 살펴보고 조정하면 된다.

가장 중요한 것은 실제로 슬럼프가 아닐 수도 있다는 점이다. 생각보다 많은 부모가 특별한 성과가 안 보이면 슬럼프라고 생각하는데 사실이 아니다. 정체기일 뿐이다. 원래 영어 실력은 계단식이다. 점진적 상승 곡선이 아니라 단계적 상승 곡선을 그리며 는다. 원래 정체기는 늘 있는 것이니 잘 구분하자.

영역별 비중과
적정 공부량

〰〰〰

'인풋이 있어야 아웃풋이 있다'는 말은 모두가 안다. 인풋이 많아야 아웃풋이 폭발하는 것은 맞다. 하지만 관점에 따라 다를 수 있다. 순서상 인풋을 먼저 많이 쌓아놓아야 하는 것은 맞지만 그건 어찌 보면 초등학교 1~3학년까지만 통하는 말이다. 그리고 챕터북, 파닉스, 리더스북, 소설, 스킬북 등의 '정통 코스'를 밟는 아이들에게 통하는 말일 수 있다.

만약 아이가 초등학교 5~6학년인데 영어 레벨이 낮다고 무조건 인풋만 쌓고 있을 수 없는 노릇이다. 또는 아이가 습득 속도는 빠르지만 나이가 어리면 영어 레벨을 인지 수준이 따라주지 않아서 다른 코스를 밟아야 할 때도 있다. 따라서 '인풋이 있어야 아웃풋이 있다'는 말은 아이가 몇 학년인지, 무슨 공부를 해왔는지, 현재 영어 실력은 어떤지에 따라 생각하는 적용점이 다르다.

과목별 궁합과 영역별 비중은 생각보다 중요하다

아웃풋 폭발의 속도를 높이기 위해 3~4학년부터는 몇몇 과목을 '상호 보완 관계'로 생각해야 한다. 도움을 주고받는 관계다. 가령 3~4학년이 되면 쓰기를 놓치면 안 된다. 쓰기를 위해 어휘와 문법 요소를 알아야 하고, 쓰다 보면 어휘와 문법도 알게 되는 상호작용이 일어난다. 즉, 잘 쓰는데 문법은 못하거나, 문법은 잘하는데 어휘만 잘 모르는 아이는 없다. 쓰기, 어휘, 문법은 고학년이 될수록 유기적인 학습 효과를 낸다.

또한 현재 아이의 학년도 어떤 과목에 집중해야 하는지 중요한 요인이다. 영어를 늦게 시작한 아이라면, 고학년이 되었는데도 일정량의 지문을 누구의 도움 없이 스스로 읽고 이해할 수 있을 정도의 인풋이 안 되었을 것이다. 그래도 인풋이 중요하니 계속 기초 단계를 읽다가 중학교에 진학해야 하는 걸까? 아니다. 어휘를 암기해서라도 한 주제에 대해 이해할 수 있을 만한 독해력과 어휘 실력을 장착해줘야 한다.

읽기, 듣기, 쓰기, 말하기, 어휘까지 총 다섯 과목이 있다고 치자.

이 다섯 과목은 서로 도움을 주고받는 관계다. 읽기, 듣기를 충분히 하면 자연스럽게 말하기와 쓰기가 가능해진다.

이게 기본 개념이라면, 이 안에서의 심화와 변형이 있어야 효율적인 로드맵을 설정할 수 있다. 심화와 변형을 하냐 마냐는 아이의 현재 학년, 무슨 공부를 해왔는지, 현재 영어 실력에 따라 달려 있다. 이를 보고 과목별 비중을 정해서 유기적인 상승 효과를 내도록 복합적으로 공부하도록 한다.

따라서 영역별 비중은 생각보다 중요한 요소다. 과목별 학습 비중이 아웃풋 효과를 결정하기 때문이다. 궁합이 맞는 과목을 유기적인 상승 효과를 낼 수 있도록 복합적으로 공부해야 제 학년에서 요구되는 학습 능력을 적절히 갖추게 된다.

가장 이상적인 로드맵은 초등학교 1~2학년 때는 읽기, 듣기를 중심으로 한 인풋 쌓기다. 초등학교 3~4학년이 되면 이를 밑받침 삼아 쓰기, 문법, 어휘 학습을 시작하고 5~6학년을 대비한다. 초등학교 5~6학년이 되면 입시와 결을 맞춘 공부를 한다. 고난도 읽기, 심화 문법, 고급 어휘를 집중적으로 학습하는 로드맵이다.

'과목별 학습 비중과 학습량'은 이 책을 관통하는 핵심 메시지인 '제 시기에 맞는 효율적인 공부를 하자'는 것을 더 세밀하게 표현하는 방법이다. 제때마다 '이것만은 놓치지 말자'는 것과 '최소 이만큼은 하자'는 생각을 다음과 같이 '3가지 트랙Three Track'으로 정리하여 소개하고자 한다.

경험상 초등학생은 크게 세 그룹으로 나뉜다. 학습 히스토리가 기준이다. 첫째, 초등학교 3~4학년이 됐을 때 AR 2~3점대에 도달한 그룹이다. 가장 일반적인 학생들이다.

둘째, 영어 학습이 늦은 그룹이다. 초등학교 5~6학년인데 기초 읽기부터 해야 하는 그룹을 말한다.

셋째, 영어 유치원 출신이거나 리터니(외국에서 살다가 돌아온 학생) 그룹이다. 영어 노출량과 학습 연차가 또래보다 많거나 오래된 아이들이다.

세 그룹은 밟아야 할 트랙이 다르다. 내 아이에게 맞는 트랙을 잘 분간해 선택하자. 분포가 가장 많은 순서로 정리했다.

3가지 트랙으로 제 시기에 맞는 공부를 하자

1그룹 초등학교 3~4학년에 AR 2~3점대 도달한 그룹

리더스북, 챕터북 위주로 공부해온 초등학교 3~4학년은 정통 트랙을 밟으면 된다. 초등학교 3~6학년부터 '책 읽기' 기본에 '스킬북'을 섞어서 초등학교 5~6학년으로 가는 로드맵이다. 실용 영어와 입시 영어를 적절히 섞어 서서히 전환하는 가장 이상적이고 보편적인 로드맵이다.

1그룹 추천 트랙

학년	3~4학년	4학년 2학기	5학년	6학년	중학교 1학년
목표	AR 2~3 점대	기초 쓰기 시작 기초 문법 시작 어휘 학습서 시작	쓰기 심화 문법 심화 어휘 심화	읽기, 문법 어휘 집중	고급 독해, 서술형 쓰기 대비, 고급 어휘 암기
추천 비중	읽기, 듣기 : 문법, 쓰기 = 6 : 4	읽기, 듣기 : 쓰기, 문법 = 6 : 4	읽기(3) : 문법(3) : 쓰기(2) : 어휘(1) : 듣기(1)	읽기, 문법, 어휘, 쓰기 동일 비중	기존보다 문법, 어휘 강화

2 그룹 실용 영어 시기를 놓쳤지만, 초등학교 5~6학년에 입시 영어를 따라가고 싶은 그룹

한마디로 원서를 잘 못 읽지만, 중학교 대비를 하고 싶은 초등학교 3~6학년을 말한다. 기초 입시서를 위주로 하는 커리큘럼을 따르는 편이 좋다. 수입 스킬북보다 우리말 설명이 자세하고 비중이 높은 국내 스킬북을 사용하는 편이 효과가 크다.

내신과 수능 영어를 집중해서 대비하는 것을 목표로 하는 것을 추천한다. 읽기, 문법, 어휘 비중을 늘릴 수 있는 만큼 늘려서 잡아야 한다. 그래야 중학교에 진학해서 교과서 지문이나 외부 비문학 지문을 소화할 수 있다.

문법과 어휘도 함께 집중적으로 공부한다. 이게 초등학생 때 무슨 소용이 있을까 싶겠지만, 중학교 2학년부터 효과가 눈에 보이기 시작할 것이다.

2그룹 추천 트랙

학년	4학년	5학년	6학년	중학교 1학년
목표	지문당 100~150단어 읽기	지문당 150~200단어 읽기, 기초 문법	지문당 250단어 이상 읽기, 문법 심화	지문당 300단어 이상 비문학 읽기, 중학교 문법 총정리, 비문학 어휘 집중 암기
추천 비중	읽기 익숙해지기	문법 시작	읽기(4) : 문법(4) : 어휘(2)	읽기(4) : 문법(3) : 어휘(3)

3그룹 | 영어 유치원, 리터니 또는 영어 레벨 상 그룹

영어 유치원을 졸업하고 그 이후에도 꾸준히 영어 습득과 학습을 병행해 영어 수준이 '상'인 그룹이다. 또는 영유아기나 초등학생 때 해외에 거주한 경험이 있는 리터니가 이에 속한다. 이들의 실용 영어 능력 수준은 '상'이다.

세 유형의 승패는 부모가 입시에 대한 개념을 얼마나 갖추고 그에 걸맞게 영어 교육 방향을 확실하게 전환하는지에 달려 있다. 실용 영어 능력만큼 입시 영어 능력을 끌어올리는 데 박차를 가하는 게 관건이다.

가령 적어도 초등학교 6학년부터는 문법 용어를 익히고, 서술형 영작 능력을 키워서 중·고등학교 내신에 대비해야 한다. 이때가 아이들이 가장 힘들어하는 때다. 기존 학습 스타일과 크게 다르므로 과도기 과정을 유연하게 밟을 수 있도록 아이를 다독이는 부모의 역할이 필요하다.

또한 고급 어휘를 우리말 어휘와 함께 익혀서 고난도 독해를 논리적으로 분석하고 읽을 수 있는 능력을 기르는 것을 목표로 해야 한다.

3그룹 추천 트랙

학년	4학년	5학년	6학년	중학교 1학년
목표	문학, 비문학 다양하게 읽기, 에세이 쓰기	비문학 위주 읽기, 문법 기초 시작, 에세이 쓰기	토플형 고급 독해, 심화 문법, 서술, 영작 연습	6학년과 동일 고급 어휘 암기
추천 비중	읽기, 쓰기	읽기, 문법, 쓰기 = 동일 비중	문법(4) : 어휘(4) : 쓰기(2)	6학년과 동일

국내서 vs 수입서,
어떤 점이 좋고 언제 써야 될까?

'우리 아이가 미국 교과서를 공부하면 왠지 있어 보이고 영어를 잘하고 있는 것 같다.'

이런 생각을 하고 있다면 큰 오산이다. 미국에서 수입했고 미국 아이들이 보는 책이니 이것으로 공부하면 아이가 영어를 더 잘할 것 같다는 그 생각을 빨리 버려야 한다.

국내서와 수입서 중 어떤 게 좋을까? 둘 다 좋고 적절히 섞어야 한다. 국내서는 2가지로 분류된다. 원서형 교재, 즉 ELT 교재와 입시서다. ELT 교재는 우리가 잘 알고 있는 《Bricks》 시리즈(Bricks), 《Link》 시리즈(NE능률), 《Reading Expert》(NE능률), 《My Next Grammar》

(이퓨쳐), 《Write it!》(NE능률)을 말한다. 국내 출판사에서 영어 학습을 위해 만든 교재다. 본문과 문제가 모두 영어로 되어 있다. 몇몇 워크북은 간혹 한국어가 섞여 있다.

입시서는 《천일문》(쎄듀), 《워드마스터》(이투스북), 《리딩 튜터》(NE능률), 《문법이 쓰기다》(키출판사)와 같은 수능과 내신을 목표로 하는 우리말 교재를 말한다.

최근 우리나라 출판사의 교재들이 강세를 보이면서 예전보다 수입서의 사용 비중이 크게 줄었다. 국내서와 수입서는 언제, 어떻게 쓰는지와 각 장점을 알아보자.

국내서의 장점

국내서의 장점은 크게 3가지다.

첫째, 한국형 입시에 최적화된 커리큘럼을 제공한다. ELT 교재는 교재 전문가들이 한국 아이들의 성향과 능력을 고려해 언어 습득과 영어 기술 향상, 두 목표를 두고 만든 교재다. 영어 습득에 미치는 요인과 환경 요인을 여러 방면으로 분석해 만들었다. 쭉 따라가기 좋게 만든 커리큘럼이 제공되서 레벨에 따라 4대 영역에 해당하는 교재를 선정하면 된다.

입시에서 요구하는 학습 기술을 책에 녹여 놓았기 때문에 영어 습득에서 학습으로 전환할 때 유용하게 쓰이며 입시나 학교 성적과 연결하기 쉽다는 게 가장 큰 장점이다.

둘째, 다양한 언어 능력을 함양시킨다. 그냥 글을 읽는 것과 필요한 기술을 습득하며 글을 읽는 것에는 큰 차이가 있다. 언어 자체를 습득하고 언어에 익숙해지는 것과 그 언어를 사용해 사고하는 일은 다르다. 수입서가 현지 아이들과 영어로 읽고 영어로 사고하는 것이 같은 수준에서 일어날 때 적합하다면, 국내서는 언어 이외의 학습에 필요한 다양한 기술 훈련을 함께하도록 만들었다.

셋째, 조금만 연구하면 비전문가도 일정 레벨까지 지도할 수 있다. 최근에 안 사실이지만 중학교 입학 전까지 집에서 홈스쿨링으로 지도하는 부모들이 늘고 있다. 그 이유가 부모들의 영어 교육에 대한 관심도가 높아진 것도 원인이지만 무엇보다 출판사의 활약이 이에 일조하는 것 같다.

5~6년 전까지만 해도 신학기 커리큘럼을 짜려면 ELT 서적과 수입교재를 총괄하는 영어 전문 서점 총판에 가야 실물 교재를 보고 확인하고 샘플을 구해올 수 있었다.

요즘은 다르다. 출판사 홈페이지에 들어가면 전자책E-book은 물론 단어 리스트, 리뷰 테스트, 중간, 월말평가, 교재 맵과 같은 부가 서비스를 풍부하게 제공한다. 어학원이나 보습학원은 물론 가정에서 지도하는 부모도 이를 적극적으로 이용한다. 출판사 홈페이지 부가 서비스 활용은 홈스쿨링을 하는 부모에게 유용한 팁이니 꼭 활용하기 바란다.

수입서의 장점

우리나라 출판사 교재들이 근래 강세지만 원서 교재의 장점도 무시할 수 없다. 가장 큰 장점은 텍스트의 질이다. 《Wonders》(McGraw-Hill), 《Journeys》(Hougton Mifflin Harcourt)와 같은 미국 교과서가 수입서의 대표라고 할 수 있다. 이 책들은 미국 교과 과정에 실제 포함되어 있어 텍스트가 검증되었다. 미국 공립초등학교 아이들이 모국어를 사용하여 학습 기술을 배우는 내용이므로 텍스트의 질은 좋은 반면 우리나라 실정에 맞지 않는 부분도 많다.

수입서는 언제 봐야 효과가 좋을까? 한국 학년과 미국 학년, 즉 우리말 실력과 영어 실력이 비슷한 수준일 때 수입서를 공부하는 것이 효과가 있다.

예를 들어 초등학교 5학년인 아이가 미국 학교 2학년 수준의 영어 실력이라고 치자. 우리나라 5학년 아이가 2학년용 미국 교과서를 보면 어떤 느낌일까? 학습에 흥미를 잃고 성취도도 얻을 수 없다. 영어를 못할 뿐 이해 능력이 부족한 건 아니다. 따라서 무조건 수입서를 고집하지 말자.

수입서를 선택할 때 주의해야 할 점은 2가지다. 첫째, 우리나라 실정에 맞지 않는 부분이 없는지 확인한다. 예를 들어 《Wordly Wise》(Educators Pub Svc Inc)의 한 유닛 마지막 코너에 나오는 쓰기 부분은 학원에서도 지도하지 않는다. 별로 우리 아이들에게 필요 없는 부분이기 때문이다.

둘째, 아이의 학년과 비슷한 수준의 영어 교과서를 선택한다. 만약 아이가 초등학교 2학년인데 미국 교과서 2학년 수준에 해당하는 글을 읽고 이해한다면 그에 해당하는 수입서를 선택하면 좋다.

우리나라 책도 '교재 맵'을 제공하듯이 수입서 뒤에 학년과 AR 지수가 표기되어 있다. 만약 아이가 초등학교 4학년인데 미국 교과서 2학년 수준을 읽는 레벨이라면 과감히 수입 교재를 선택하는 일을 포기하길 권한다. 이건 못해서가 아니다. 더 빠른 효과를 보기 위해서다.

국내서 vs 수입서 비중 배분

한국 학년과 미국 학년의 차이, 즉 아이의 인지 수준과 언어 레벨에 따라 교재를 선택하는 비중이 달라진다. 가장 적정하다고 생각하는 비중은 유아기부터 초등학교 3학년 전까지 수입서 비중이 많다가 초등학교 3학년 이후는 수입서와 우리나라 교재를 섞어서 보는 방법이다. 학습에 대한 인지 능력이 월등히 좋아지는 초등학교 3학년부터는 우리말 실력도 부쩍 늘며 영어 실력을 많이 앞선다. 이때부터는 ELT 책을 적절히 섞어서 사용하는 게 효과가 좋다.

초등학교 5~6학년 이상부터는 거의 국내서만 봐도 학습에 전혀 지장이 없다. 중학교 이후부터 수입서를 전혀 보지 않아도 우리나라 교재만으로도 공부할 책들이 차고 넘친다. 또한 초등학생 때 주로 이용하는 출판사와 중·고등 입시서를 주로 출간하는 출판사가 다르므로 다음 표를 참고하자.

학년별 국내서 수입서 공부 비중

학년	초3	초4	초5~6	중1	중2	중3
목표	읽기 듣기 유창성	문법 쓰기 어휘 투입	읽기 문법 어휘 심화	중등 심화	고등 준비	고등 선행 (수능형 지문, 2학기부터 고등 내신 준비)
출판사	NE능률, Bricks, Compass, 월드컴, 이퓨쳐, A List		Compass, 쎄듀, 넥서스에듀		쎄듀, 메가스터북스, 신사고, 해커스, NE능률	
공부 비중	국내 ELT : 수입서 = 5 : 5 or 6 : 4		국내 ELT : 수입서 = 8 : 2		중등 내신: 이그잼포유, 족보닷컴	고교 내신 및 평가원 문제: 족보닷컴, 아잉카

출판사 분류

국내 출판사		외국 출판사
ELT 전문 출판사	입시서 전문 출판사	Sadlier Oxford National Geographic McGraw–Hill Hougton Mifflin Harcourt Evan–Moor
NE능률, Bricks, 이퓨쳐, 키출판사, A List, 이퍼블릭, 언어세상	쎄듀, 해커스, 신사고, 해커스, 넥서스에듀	

초등 영어 ELT 전문 주요 출판사

다음 출판사들은 교재를 선택하기 위한 가이드를 친절하게 제공한다.

• NE능률 www.nebooks.co.kr

ELT 책과 입시서를 모두 취급한다. 부가 자료가 가장 풍부한 출판사이므로 활용하면 좋다.

- Bricks www.ebricks.co.kr

베스트셀러인 《Bricks Listening》,《Bricks Reading》을 출판하는 출판사다. 입시서도 있지만, ELT 책의 질이 훨씬 좋다.

- Compass www.compasspub.com

초등학교 중·고학년에게 적합한 수입서를 가장 많이 취급하는 출판사다. 국내물도 풍부하다. '클래스박스'를 통해 각종 자료를 제공한다. 몇몇 유명한 교재 위주로 원어민 수업도 유료로 제공한다.

- A List www.alist.co.kr

초등학교 1~4학년에 적합한 교재를 만든다.

- **이퓨처** www.e-future.co.kr

초등학교 1~4학년을 대상으로 하는 교재를 만든다. 이용하면 좋은 교재들이 많다.

- **키출판사** www.keymedia.co.kr

잘 알려진 책으로는 《미국 교과서 읽는 영단어》 시리즈가 있다.

중고등 입시서 전문 주요 출판사

- **쎄듀** www.cedubook.com

베스트셀러인 《천일문》을 취급하는 곳이다. 초·중·고 입시서 모두 다루지만, 초등학생 부문보다 중·고등 입시서가 월등히 좋다. 입시 트렌드 반영이 빠르며 질도 좋다. 단어 시험지나 필요한 자료를 잘 갖춰놨다.

- 좋은책 신사고 truebook.sinsago.co.kr
  우리말 설명이 친절한 교재가 많다. 문법 개념을 우리말로 잘 풀어놓은 책을 찾는다면 살펴보자.
- 이투스북 go1.etoos.com/bookstore
  고등 영어를 준비하는 중학교 2~3학년들에게 추천한다. 《워드마스터》시리즈와 모의고사 류의 서적을 많이 취급하며 유명 강사들의 온라인 수업을 유료로 제공한다.

원서, 학습서 전문 서점

위에 언급한 출판사들의 서적을 취급하는 영어 전문 서점이 있다. 이 서점에서 구하지 못하는 영어책은 거의 없다. 서점별로 특징이 있다. '정글북'은 스킬북 전문이다. '키다리영어샵'은 스토리북부터 챕터북, 소설, 스킬북을 모두 취급한다. '동방북스' '웬디북' '잉글리쉬플러스'는 원서 전문이다. 시리즈별, 캐릭터별, 작가별로 분류가 잘되어 있고 AR지수 가이드 팁도 제공한다. 이 다섯 곳을 이용하면 초등에서 필요한 거의 모든 영어책을 구할 수 있다.

중학생부터는 입시서를 주로 사용하므로 '교보문고'나 '영풍문고' 같은 대형서점을 이용하면 된다.

- 정글북 영어서점 www.junglebook.shop

- 키다리영어샵 www.ikidari.co.kr

- 동방북스 www.tongbangbooks.com

- 웬디북 www.wendybook.com

- 잉글리쉬플러스 www.englishplus.co.kr

- 대형서점(교보문고, 영풍문고 등)

04

영어 학원
고르는 팁

학원을 선택할 때 알아두어야 할 점이 있다. 우선 아이에게 완벽하게 맞는 학원이 있을 거라는 기대를 버리자. 그런 곳은 존재하지 않는다. 아무리 완벽한 학원과 선생님이 가르친다 해도 모든 조건이 아이에게 딱 들어맞기란 불가능하다. 욕심을 버려야 한다.

예를 들어 '4대 영역을 모두 다루는 학원을 가고 싶은데, 수업 시간이 너무 길다' 또는 '더 아카데믹한 수업을 원하지만 아이가 학업 스트레스를 받는 것은 원치 않는다' 이런 조건은 성립되지 않는다. 환경에 따라 적응하기 마련이고 또 적정 수의 또래들과 함께 공부하면 그 안에서 얻는 좋은 자극과 동기 부여가 되는 일도 있으니 긍정적으로 생각하고 학원을 고르는 게 마음이 편할뿐더러 아이에게 맞는 좋은 학원을 찾기가 좀 더 수월할 것이다.

신중하게 고르되 한번 선택한 학원에서는 최소 1년 이상 배울 것을 추천한다. 아이들은 한 가지 학습법을 몸에 붙이기까지 성인이 생각하는 것보다 오랜 시간이 걸린다.

또한 어떤 학원이든 나름의 진도나 계획해놓은 커리큘럼이 있는데, 만약 학원을 자주 옮기면 보통 연간 단위로 계획해놓은 진도가 흐트러진다. 이렇게 되면 중복되거나 빠지거나 하는 등 수업 손실이 일어난다.

학원을 보내도 가정에서 반드시 관리를 해야 한다. 간혹 학원에 아이를 맡기면 부모로서 지도의 의무가 모두 끝났다고 생각하는 경우가 있다. 물론 학원에 경제적인 대가를 치렀으니 양질의 수업과 관리를 받아야 할 의무는 있다. 하지만 계속 아이의 학습 상태를 확인하고 성적 향상에 필요한 부분을 보완하기 위한 노력을 부모도 함께해야 한다.

이런 마음가짐으로 학원을 선택하면 아이에게 맞는 학원을 고르는 일이 어렵지 않을 것이다. 제일 중요한 것은 '언제나 기준은 내 아이'라는 점이다. 남들이 다 좋다고 해도 아이에게 수준이나 형태가 맞지 않으면 무용지물이다. 여러 기준보다 내 아이에게 맞는 기준으로 학원을 찾자.

언제나 기준은 내 아이다

영어책, 수학책마다 난이도가 다르듯이 학원도 그렇다. 숙제량, 수업 시간, 등원 횟수, 강의식이냐 자기주도학습식이냐 수업 방식 등이 난이도를 결정한다. 만약 처음 학원에 간다면 난이도가 낮은 학원부터 선택하는 것이 좋다. 초등학교 1~2학년이라면 주3회 1시간씩, 또는 매일 40~50분씩이 좋다. 초등학교 3~4학년은 주2~3회 1시간~1시간 30분 정도, 초등학교 5~6학년은 주2~3회 1시간 30분~2시간이 적절하다. 중학생 이상부터는 타 과목과의 비율과 집중도 면에서 주2회 3시간씩이 적절하다.

초등학교 1~2학년일수록 시스템보다 교습자를 보고 학원을 선택해야 한다. 특히 영어 실력이 평균 이상 많이 웃도는 상황이 아니라면 학원의 전문성이나 시스템보다 교습자의 마인드와 관리가 얼마나 잘 되느냐가 훨씬 중요하다.

초등학교 1~2학년은 공부 습관을 형성해나가는 단계다. 아이가 이 공간은 내가 안전하게 공부하는 공간이고, 이 선생님은 내가 틀리거나 몰라도 안전하게 기댈 수 있는 대상이라고 인지하는 것이 좋다. 그러므로 저학년일수록 반드시 직접 지도하는 선생님을 만나서 면담 후 학원을 선택하자.

되도록 가까운 곳에 있는 학원이 좋다. 시간과 체력적으로 효율적이다. 최고 수준의 강의와 시스템이 필요한 아이들은 극소수다. 시간이 경쟁력이다. 통학 시간이 먼 학원에 다니느니 차라리 아무것도 하

242

지 않고 쉬는 게 낫다. 학원 자체 수업 시간도 길어지는데 여기에 이동 시간까지 길다면 체력과 공부 정서면에서 지치기 쉽다. 이럴 때 한 곳에서 오랫동안 학습이 지속하기 어려우며 학습 성과도 크게 나오지 않는다.

피해야 할 학원

최대 인원 12명 이상은 적절치 않다. 초등학생 반은 대입 입시반이 아니다. 고등학생처럼 필요한 지식만 쏙쏙 받아먹을 수 있는 나이가 아니다. 관심과 관리가 많이 필요하다. 발표하기 좋아하는 아이, 혼자 조용히 공부하는 것을 좋아하는 아이, 독해를 잘하는데 문법이 힘든 아이, 말하기는 유창한데 단어는 모르는 아이 등 각양각색인 것이 초등반이다. 각기 다른 아이들을 돌보려면 최대 인원이 12명 이상 넘어가면 힘들다. 너무 적어도 수업이 처지고 강사가 끌고 가는 맛이 없고 아이들도 지루해한다. 초등학생 때는 6~10명 소그룹 수업이 가장 적절하다.

학원은 보통 자신들이 '미는' 커리큘럼이 있다. 예를 들어 구문 독해 중점 학원, 토플 중점 학원, 토론과 말하기 중점 학원, 파닉스 중점 학원, 중등 내신 전문 학원 등이 있다. 이렇게 제각기 중점적으로 운영하는 프로그램 중에 아이가 지금 가장 필요한 과정을 전문으로 하는 학원을 선택해야 한다.

운영하는 원장, 강사 선생님마다 추구하고 지향하는 목표가 다르다 보니 학원마다 중요하게 생각하는 학년과 커리큘럼도 다르다. 입시를 전문으로 하는 학원은 초등학생 때 필요한 실용 영어와 약간의 입시 선행을 섞어서 하는 커리큘럼을 잘 운영하지 못하는 경우가 많다. 유치원과 초등학교 커리큘럼을 잘 이해하지 못한 경우다.

쉽게 보면 '초등/중등' 또는 '초등 고학년/중·고등' 이처럼 크게 2개의 층을 대상으로 하는 학원을 선택하는 것이 좋다. 아무래도 학년이 좁혀지면 커리큘럼의 깊이는 깊어지고, 좁은 층의 학생 연령을 다루면 더 전문성이 생기기 때문이다. 초·중·고를 모두 전문적으로 커버하는 학원도 있지만 드물다.

선행 학습은 1년 정도가 적당하다. 영어는 수학이나 국어, 타 교과목보다 입시까지 커버해야 하는 범위가 상대적으로 적다. 중학생 아이들을 가르치면서 놀란 사실은 아이들이 영어 선행을 정말 많이 한다는 것이다. 더 놀라운 점은 선행 학습을 한 아이 중 상당수가 잘못한다는 점이다. 그렇게 되면 했던 과정을 다시 한 번 반복하는 일이 생긴다.

선행 학습은 같은 과정을 두 번 반복하지 않아야 한다. 한번 할 때 제대로 하자. 반복보다 심화가 기본이다. 과도한 선행 학습을 하면 심화 학습을 충분히 하지 못할 수 있다. 심화 학습을 강조하는 학원을 선택하자.

추천하는 학원

중하위권 학생들의 가장 큰 문제는 뭘까? 좋게 말하면 학습 습관이 안 잡힌 거고 사실대로 말하자면 공부를 안 한다는 거다. 이런 면에서 강의 외에도, 숙제는 해오는지, 아이가 제대로 이해를 한 건지, 지금 시험을 본다면 무너지는 일은 없을지 예측하고 보완하는 일이 상당히 중요하다. 특히 중학교, 고등학교로 올라갈수록 더 그렇다.

물론 다 그런 건 아니지만, 보통의 초등학생이라면 자기가 뭘 잘하고 어떤 영역이 약한지 정확하게 알기는 조금 힘들 수 있다. 이건 부모도 잘 모를 수 있는 부분이다.

그럼 누가 제일 잘 알까? 바로 아이를 가르치는 사람이다. 담당 강사나 선생님이 이 아이의 부족한 부분과 문제점을 정확히 알고 빨리 해결하고 보충하는 조치를 해야 한다. 특히 학원은 한 반에 최소 8~10명 모여서 공부하므로 엄밀히 말하면 같은 반에 있어도 실력과 성향이 모두 미세하게 다르다. 이를 파악하고 보완해주는 학원이 좋다.

아이들은 어떨 때 가장 많이 공부하고 싶은 마음이 생길까? 초등학생 아이들은 선생님이 나한테 보이는 관심과 조언에 굉장히 의지를 많이 한다. 초등학생 공부는 습관 형성을 해주는 게 중요해 아무래도 조언이란 탈을 쓴 잔소리를 많이 하게 된다. 이 잔소리를 관심 어린 사랑으로 아이가 느끼려면 진심으로 아이를 걱정하고 관심을 보내는 멘토 역할을 하는 누군가가 필요하다. 그게 학원장이든 강사든 상관없다. 하지만 한 명은 꼭 있어야 한다. 초등학생 부모들은 학원 상담을 할 때 이런 마인드를 갖춘 사람이 있는 학원인지 살펴보자.

클리닉 또는 자습 시간이 정규 수업 외에 있는 학원이나 수업 후 관리가 되는 학원을 선택하자. 이는 초등학생보다 중학생에 해당하는 요건이다. 학년이 높을수록, 성적이 낮을수록 이런 학원을 추천한다.

수업보다 중요한 건 순수하게 공부한 시간이다. 중위권이라면 더욱 그렇다. 한자리에 오래 앉아서 스스로 심도 깊게 예습, 복습하는 아이들이 적다. 어느 정도 공부력이 생기기 전까지 학원 숙제나 예습, 복습을 하는 공간과 시간을 제공하는 학원이 좋다. 정규 수업이 끝나거나 그전에 1시간 정도 숙제를 점검하거나, 배운 내용을 소화하는 시간을 제공하는 형태가 좋다.

생각보다 이 방법이 아주 큰 학습의 차이를 만든다. 특히 내신이 있는 중학생은 이 시간이 도움이 된다. 암기량이 많기 때문이다. 물론 집에서 스스로 하면 제일 좋지만 힘들어하는 아이도 많으므로 아이가 이런 유형이라면 클리닉 수업을 따로 운영하는 학원을 찾아보자. 주로 동네 학원이 이렇게 많이 운영한다.

중요하게 봐야 할 게 있다. 간혹 상술로 정규 수업을 3시간을 짜놓고 그 안에 클리닉 수업이라는 형태로 혼자 자습이나 숙제하는 시간이 1시간 정도 들어 있는 경우가 생각보다 많다. 또는 자기주도학습이라는 이름 붙여놓고 30분 정도 개념을 설명하고 나머지는 각자 자리에 앉아서 풀게 하는 학원도 있으니 주의하자.

우리 아이에겐
어떤 학원이 맞을까?

더 전문적으로 지도를 맡기고 싶어 학원을 가기로 결심했다. 그런데 막상 어떤 학원을 가야 할지 모르겠다. 어떤 학원을 가야 할까? 규모가 적은 순으로 알아보자.

교습소

교육청에서 정한 행정법상 1인 교습만 허용되는 곳이다. 학원을 설립한 원장만 수업할 수 있다. 학원 면적에 따라 일정 면적이 넘지 않으면 학원이 아니라 교습소로 인가받는다. 그럼 교습소는 누가 주로 설립할까? 어학원에서 수업하던 실력 있는 젊은 강사가 비교적 적은 운영비를 들여 교습소를 세우거나 아파트에서 공부방을 운영하던 강사가 밖으로 나와 상가에서 조그맣게 학원을 시작하는 경우가 이에 해당한다.

교습소는 부모들이 가장 잘 모르는 형태인데 아이의 성향에 맞는다면 추천할 만한 시스템을 갖췄다. 아이가 산만하다거나 관리나 돌보기가 비교적 많이 필요한 초등학교 1~3학년이 잘 맞는다.

또는 과외식 소규모 수업을 원하는 최상위권 초·중등생들도 이 형태의 수업과 잘 맞는다. 실력이 출중하고 강의력이 좋은 선생님이 교습소를 운영하는 경우가 꽤 많다.

단점도 있다. 1인 교습 체제이므로 커리큘럼이 다양하지 않다. 열수 있는 강의의 총 개수가 한정되어 있어 수업 레벨이 세분되어 있지 않은 경우가 많다. 영어 실력은 같은 레벨이어도 한국 학년 차이가 3년 이상 난다면 밟아야 할 과정이 다르므로 다른 수업을 받는 것이 좋은데, 같이 수업하는 경우도 종종 있으니 이런 점을 유의해야 한다.

예를 들어 초등학교 4학년과 6학년이 영어 실력이 같다고 하자. 같은 반에 있으면 될까 안 될까? 실력은 같지만 갈 길이 다르다. 초등학교 4학년 학생은 초등 심화 과정에 1~2년 더 머물러도 되지만, 6학년은 본격적인 중학교 대비 과정을 밟아야 한다. 이런 차이가 있으니 유심히 살펴보자.

영어 도서관

줄여서 '영도'라고도 부른다. 주로 챕터북을 읽고 독서 활동을 하며 AR, SR, Lexil(미국 독서 읽기 능력 향상 프로그램) 지수를 기준으로 영어 레벨을 측정하고 지도한다. 모든 영어 도서관이 다 같지는 않지만, 클래스 단위로 수업을 진행하는 게 아니라 학생 개인이 원하는 시간을 자유롭게 선택하는 구조다. 그러다 보니 출결에 부담감이 없다는 게 장점이자 단점이다.

부모 입장에서 '심화 학습도 뭘 읽을 수 있어야 하지 않나'라는 마음으로 초등학교 1~2학년에 영어 도서관을 많이 보낸다. 영어에 대한 흥미를 돋우고 책을 통해 영어를 자연스럽게 접하게 하는 장점이 있다.

유명 챕터북은 대부분 20여 권의 시리즈물로 되어 있다. 지속해서 원서를 읽기 위해서는 이 모든 책을 가정에서 구매하긴 여러모로 번거롭다. 하지만 영어 도서관에서는 양질의 챕터북을 체계적으로 꾸준히 읽을 수 있다. 이런 이유로 방학 기간이나 초등학교 3~4학년에 영어 도서관을 이용하면 좋다.

하지만 단점도 많다. 영어 도서관을 중점으로 두고 하는 영어 공부는 한계가 있다. 입시에 큰 목적을 두지 않은 부모라면 초등학교 5~6학년이 가도 나무랄 수는 없는 형태다. 하지만 분명한 건 체계적인 '학습'으로서의 영어는 포기해야 한다. 영어 도서관을 중심으로 두고 하는 영어 공부는 최대한으로 잡았을 때 가능한 시기는 초등 4학년 1학기까지다. 학습 습관을 탄탄하게 잡으려면 숙제 시간과 등원 시간이 반복적으로 있어야 하는데, 영어 도서관의 단점은 학습 루틴을 잡아가기 어렵다는 점이다. 원서 읽기를 가정에서 지도하기 힘들 경우, 어학원에 다니면서 곁들여 주1회 정도 다니는 게 적절하다.

영어 교육 전공자가 아닌 사람이 지도 교사로 근무하는 경우가 꽤 많다. 대학교에 재학 중인 교포 선생님이나 학습 지도 개념이 없는 정말 영어를 구사만 할 줄 아는 어린 선생님들도 간혹 있으니 확인해야 한다. 드문 경우지만 관리가 잘되는 영어 도서관의 경우 원서 읽기를 중심으로 하면서 스킬북 수강을 선택 과목제로 운영하는 곳도 있다. 문법이나 토론 주1회와 같은 특강식 수업을 방학에 열기도 한다. 이는 많은 도움이 된다. 영어 도서관도 원장 선생님이 관리하는 곳과 아닌 곳은 차이가 크니 잘 살펴보자.

대형 어학원

정상어학원, 청담어학원, 아발론어학원, 최선어학원은 프랜차이즈 대형 어학원 4대장이다. 어학원을 고를 때 가장 명심해야 하는 것은 어학원도 연령과 레벨에 따라 강점이 따로 있다는 점이다. 주력하는 수업과 그에 맞는 연령이 있다. 이를 잘 알고 아이에게 필요한 수업을 선택하자.

- **정상어학원**: 초등학교 1~4학년에게 적합하다. 책 기초와 실용

영어를 체계적으로 닦기에 좋다.

- **청담어학원**: 외고 준비생에게 적합하다. 실용 영어와 입시 영어를 적절히 조합해 강의한다. 초등학교 5~6학년까지 무난하게 배울 수 있다.
- **아발론어학원**: 두루두루 무난하지만 딱히 이렇다 할 큰 주력 수업은 없다. 어학원이 처음인 학생이라면 추천한다.
- **최선어학원**: 수능, 내신 영어와 같이 중·고등 시험 영어에 특화된 어학원이다. 중학생에게 적합하다.
- **덕스(Dux)어학원**: 라이팅 중점 어학원, 영어학습 연차 2~3년 이상 상위권에 적합하다.
- **폴리(Polly)어학원**: 리터니 전문 어학원이다.

위에 써놓은 건 커리큘럼의 특징이지 지점별 특성과 분위기는 제각기 다르다. 학교와 마찬가지다. 같은 어학원도 지점별로 원장이나 교수 부장이 얼마나 열의가 있느냐에 따라 다르다. 또한 어떤 담임을 만나느냐도 중요하다. 한마디로 모든 경우에 따라 다르다. 이것까지 따지면 아무 학원도 가지 못하니 선택 시 참고하길 바란다.

어학원의 장점은 강사의 자질이 평균 이상이라는 점이다. 4대 영역을 골고루 다루며 다양한 레벨이 있어 체계적인 학습이 가능하다는 점도 좋다. 단점은 아주 많은 인원이 한 반에서 수업하는 예도 더러 있다는 점이다. 한꺼번에 20명 넘게 수업하는 곳도 보았다. 이런 곳은 아이가 정말 똘똘해서 자기 공부를 할 수 있는 성향이라면 괜찮다. 반면, 관리가 안 될 수도 있다. 개인적인 의견은 하위권이라면 어학원은 잘 맞지 않는다. 중위권 이상의 학생에게 적합하다.

토플식 미국 학원

영어 유치원 이후 많이 가는 곳이다. 미국 교과서, 토플, 토론, SAT 수업을 주로 교포 선생님과 함께 공부한다. 초등부에서는 미국 교과서를 읽을 뿐 아니라, 세계사World History, 과학Science, 사회학Social studies 등 여러 과목을 공부한다. 아주 좋은 공부지만 초등학교 5~6학년부터는 한국어로 된 읽기, 문법 수업을 추천하므로 초등학교 1~4학년까지 적합한 학원 형태다.

아이가 이중 언어Bilingual 수준으로 영어, 한국어를 구사할 경우 적합하다. 중학교 입학 전에는 전환이 필요한 형태이니 시점을 잘 파악해 국내 입시에 더 집중하는 학원으로 바꾸는 것이 좋다.

중·소형 보습학원

교습소에서 확장한 사례가 많다. 원장 중심으로 운영한다. 원장과 강사 몇 명이 함께 수업하는 형태로 초등학생부터 고등학교 1~2학년까지 주로 수업한다. 동네 학원 중 조금 규모가 있는 대부분 학원이

이 형태다. 초등학생, 중학생에게 적합하며 레벨이 두루두루 있으므로 초등학교 5~6학년부터 중학생이 무난하게 갈 수 있다.

반드시 고등부가 있는지 확인해야 한다. 중등 영어가 수능 영어와 고등 내신을 준비하는 아주 적기인데 이 시기를 정말 효과적으로 잘 운영하는 학원에 가야 한다. 이 점은 학원 형태와 무관하게 영어 학습 로드맵에 핵심이 되는 부분이다. 중등 시절에 고등 과정 선행 학습이 안 되면 고등 영어는 손대기 어렵다.

따라서 중등 내신보다 고등 선행 학습을 잘하는 커리큘럼인지 확인하는 게 중요하다. 초등부는 적당한 어학원식 수업과 한국식 문법과 독해 수업에 더해 꼼꼼한 관리가 핵심이다. 이런 중·소형 보습이라면 추천한다.

한국형 내신, 수능학원

중·고등부 위주 학원이다. 내신을 주력으로 한다. 사실 상위권이라면 중등 내신은 어렵지 않으므로 평소 수능 집중 과정을 한다. 고등 내신은 한두 번만 학원에서 경험하고 나면 자료를 찾아 혼자 하는 아이들이 대부분이다.

따라서 이런 내신형 학원은 내신을 혼자 관리하기 힘든 중위권 학생들이 주로 간다. 기초가 잡히지 않은 중학생이라면 이런 곳에서 차근차근 기초를 닦으며 입시 영어 실력을 쌓는 것도 도움이 된다. 초등부가 없거나 초등학교 6학년부터 받는 경우가 많다. 영어 학습이 정말 늦은 초등학교 5~6학년은 이런 곳에 가면 도움이 된다.

장점은 집중적으로 관리하는 몇 학교가 있어서 관련 학교별 기출 문제 자료가 풍부하며 지도 노하우가 출중한 학원이 많다. 내신 지도에 노련한 강사도 많은 곳이니 잘만 이용하면 효과를 볼 수 있다.

중학생 때는 중등 내신을 뛰어넘는 기본기를 탄탄하게 닦는 시간으로 보내야 한다. 특히 중학생 때는 대부분 영어 학원을 많이 가는데 학원 선택 기준은 간단하다. 커리큘럼이 얼마나 고등 대비 과정으로 잘 짜여 있는지 확인하면 된다.

부모들이 판단하기 쉽도록 단적인 예를 들면 이렇게 물어보면 좋을 것 같다.

"내신 준비 기간은 보통 얼마나 되나요?"

만약 1개월이 넘는 기간이라면 고려해봐야 한다. 커리큘럼이 얼마나 읽기, 문법, 구문 훈련, 어휘 암기 중점으로 짜여 있는지도 봐야 한다. 적절한 학습 시간은 3시간씩 주2회, 또는 2시간씩 주2~3회 정도다.

06

과외 선생님을
구하는 팁

W

　과외를 하면 개인 수업이니까 무조건 좋을까? 과외는 언제 해야 하는 걸까? 초등학생 때 과외는 생각보다 지루할 수 있으며 특별한 문제가 있을 때 하는 게 좋다. 경험상 수업은 6~8명 정도 소그룹 수업이 가장 좋다고 생각한다. 그래야 교습자가 한 아이의 학습 속도에만 맞추지 않고 진도나 학습 방향을 설정해 수업을 끌고 나가는 맛이 생긴다. 관리하기에도 적정한 인원이다.

　하지만 특별한 문제나 사정이 있을 때 과외를 한다. 예를 들어 문법 이해도가 너무 떨어져 개념 암기를 누군가가 도와야 할 때, 토플, 회화, 원서 읽기 위주로 학습을 해서 입시 영어로 전환해야 하는데 습관이 잡혀 있지 않을 때 보통 과외를 많이 한다.

교습자 선택이 과외의 성패를 가른다

아이의 학습 이력이 중요하듯, 선생님의 학력과 교습의 '결'이 중요하다. 앞서 추천 로드맵을 학습 이력을 기준으로 세 그룹으로 나누어 설명했다. 교습자도 마찬가지다. 아이의 학습 이력에 맞는 학력과 경력을 갖춘 선생님을 선택해야 한다.

아이의 학습 유형에 따른 추천 선생님

학생 유형	추천 선생님 유형
1그룹 (일반 로드맵을 밟는 초등학교 3~6학년)	– 초등과 중등, 중등과 고등을 잇는 수업을 할 수 있는 선생님
2그룹 (영어 학습이 늦은 초등학교 5~6학년)	– 성실한 대학생 선생님 – 중고등 입시학원 근무 경험자
3그룹 (영어 유치원이나 리터니 출신 학생)	– 국제 중학교, 국제 고등학교, 국제학부 출신 선생님 – 초등학생 위주 어학원 근무 경험자 – 초중고를 해외에서 다녔어도 국내 대학 출신 선생님

현재 진행하는 수업과 다음 과정을 이어서 생각할 정도 수준의 선생님이 좋다. 세 그룹 공통으로 해당하는 부분이다. 그래야 학습을 지속할 수 있고 아이의 실력이 오른다. 만약 아이가 초등학교 4학년이고 리터니라고 가정해보자. 국제학부 출신 선생님과 1년 정도 수업했

다면, 6학년에는 조금 더 중·고등 입시 경험이 있는 선생님과 공부하는 게 좋다. 그래야 중등 내신과 수능을 염두에 둔 수업을 할 수 있다.

과외를 할 때 확인해야 하는 것은 크게 3가지다. 수업 관리도, 수업 운영 계획, 커리큘럼 계획이다.

첫째, 수업 준비를 철저히 하는지, 가르치는 부분에 대해 충분히 숙지하고 수업하는지, 관리를 철저히 하는지 확인한다. 아이의 교재를 살펴보면 된다. 핵심이 되는 부분을 충분히 강조하는지 필기된 부분을 살펴보자. 초등학생은 특히 관리가 가장 중요하다. 문법이라면 오답 관리가 잘되는지, 읽기라면 사전 어휘 암기 테스트를 하는지 확인해야 한다.

둘째, 수업 운영 계획을 받아야 한다. 최소 6개월에서 1년 치 정도, 무슨 과목을 몇 시간 동안, 얼마만큼 나갈 건지 큰 그림이 반드시 있어야 한다. 부모가 정할 필요는 없다. 가르치는 사람이 계획이 있어야 그에 맞게 수업을 하기 때문이다. 하지만 너무 자주, 예를 들어 한 달마다 아이의 성적 향상 정도를 시험 형태로 측정하는 것은 아이와 선생님에게 모두 무리일 수 있으니 상황을 보고 결정한다.

셋째, 교재 선정이나 진도 양은 계속 소통하며 조절한다. 현재 아이가 집중해야 할 과목과 학습 스타일을 수업 전에 정확히 전달해야 한다. 수업을 시작하고 몇 번은 서로 맞춰가며 기준을 잡는 것이 중요하다. 교재가 아이에게 너무 쉽거나 어렵지 않은지, 학년에 걸맞은 교재인지 봐야 한다. 확신이 드는 교재가 있다면 "이 교재를 나가 달라"

고 먼저 제의해도 좋다.

마지막으로 아이와 잘 맞아야 한다. 이건 학습에 결정적인 영향을 끼치는 요소는 아니다. 하지만 초등학생 개인 과외는 흥미도가 떨어지는 편이다. 친구도 없이 선생님과 나뿐이다. 아무리 활기차고 재미있는 선생님도 매번 수업을 재미 위주로 할 수는 없다. 따라서 아이와 선생님이 잘 맞아야 하며, 또래들과 공부할 때보다 중요한 지점이다. 지나치게 활기찰 필요도 차분할 필요도 없다. 아이의 성향을 파악해 유연하게 이끌어주는 선생님을 찾는다. 그래야 수업을 지속할 수 있다.

아래의 수업 체크 리스트를 확인해보자. 수업 시간 정시 참석, 교습자에 걸맞은 품행과 예의, 아이를 대하는 태도 등은 기본 자질이므로 따로 다루지 않겠다.

수업 체크 리스트

☐ 매 수업 숙제 확인과 오답 관리가 되는가?
☐ 일정한 진도 양을 유지하는가? 수업 양과 숙제 양이 너무 적지는, 많지는 않은가?
☐ 자기만의 수업 루틴이 있는가? 그 수업 루틴을 반복하는가?
☐ 최소 6개월에서 1년 치 커리큘럼이나 학습 계획이 있는가?
☐ 중학생인 경우 내신 관리 기술이나 경험이 있는가?

과외 선생님을 구하는 경로도 많이 질문을 받는다. 요즘엔 선생님

과 아이를 연결해주는 유료 앱이 많으니 검색해보길 바란다. 거의 모든 대학에 아르바이트나 일자리 공고를 내는 사이트가 있다. 보통 졸업생이나 재학생만 이용할 수 있으므로 지인에게 부탁하거나 해당 대학 영어교육과 사무실에 문의하면 된다.

간혹 영문과 출신을 선호하는 부모가 있다. 강사를 많이 채용해본 경험에 빗대어 조언을 드리자면, '영어교육과' 출신들이 훨씬 수업을 잘한다. 초등학생 지도 시에는 '본인이 얼마나 영어를 잘하나' 보다 '어떤 방법으로 효과적으로 전달할 수 있나'가 훨씬 중요하다.

따라서 다양한 교수법 이론을 배우고 실습 경험이 있는 영어교육과 출신 선생님은 어느 정도 믿을 만하다. 교습자의 출신 학과만 가지고 판단하기 어렵다. 하지만 강사 채용을 수없이 해본 경험에 비추어 하는 조언이니 참고하길 바란다.

나는 초·중·고를 해외에서 다닌 선생님을 선호하지 않는다. 국내 입시에 대한 이해도가 낮기 때문이다. 특히 3그룹 부모들이 이런 선생님을 찾는 경우가 많은데, 국내에서 대학 진학을 목표로 한다면 선생님도 국내 대학 입시에 대한 이해가 있는, 최소한 학부를 국내 대학에서 졸업한 사람에게 수업을 맡기는 게 좋다.

07

문법 심화 학습은
어떻게 할까?

문법은 공이 많이 든다. 제대로 된 학습법 없이는 잘 잡기 매우 어려운 과목이다. 분명히 강의도 열심히 듣고 책도 열심히 읽었으며 문제도 열심히 풀었는데, 막상 실전에 가면 생각만큼 점수가 잘 나오지 않는 경우가 많다. 그런데 억울한 것은 나중에 해답을 보면 분명 몰랐던 문제가 아니고 충분히 풀 수 있는 문제였는데 틀린 것이다.

지식을 제대로 끄집어내지 못해서 그렇다. 결정적으로 머릿속에 집어넣은 인풋의 위치와 아웃풋이 용도에 맞게 잘 정리되어 있지 않아 이런 문제가 생긴다. 올바른 지식을 꺼내어 쓰려면 구조화 공부법을 익혀야 한다. 이름을 '구조화'라고 붙여서 그렇지 어쩌면 상위권 아이들이 자신도 모르게 터득한 요령일지도 모른다.

한 가지만 명심하자. 문제 풀이보다 개념 암기가 먼저다. 완전히 술술 입에 나올 때까지 암기하고 문제를 풀어야 한다. 눈으로 몇 번 읽는 정도로는 아무리 문제를 풀어도 소용없다. 제대로 된 학습법을 원한다면 아래 순서와 방법을 따라 해보자.

개념을 '자신의 언어로' 정리하기

내용 정리(개념 노트 만들기)는 필수가 아니라 전부다. 한 개념에 대해 '자신의 언어'로 적어보자. 이때 용어의 한자식 뜻풀이를 잘 곱씹어봐야 한다. 예를 들어 부정사(不定詞)라면 문법의 한자식 표현을 조사해보는 거다. 한자식 표현을 이해하면 그 주제에 대한 이해가 잘된다. 한자어로 된 용어 이해는 문법에서는 곧 개념 이해와 연결된다. 한자어 용어에 모든 개념이 담겨 있다. 예를 들어보자.

to 부정사의 부정(不定)은 부정문의 부정(否定)과 다른 의미다. 영어로도 부정사는 Infinitive, 부정문은 Negation, a negative sentence로 구분한다.

부정사(不定詞)는 정해져 있지 않다는 의미이다. 일반적으로 동사는 시제나 수 혹은 법에 따라 형태가 정해진다. 예를 들어 시제나 수에 따라 'Play'라는 동사는 'play, played, plays' 등 그 형태가 정해져 있다.

그러나 부정사의 경우 형태가 시제나 수에 따라 정해진 특별한 형태가 있는 것이 아니고, 늘 'play'라는 동사의 원형을 사용한다. 이처럼 정해지지 않았다는 의미에서 'Infinitive(in+finitive·정사가 아니다)'라는 명칭을 가지게 되었다.

이렇듯 문법 용어에는 해당 개념을 담고 있다. 개념을 이해하는 게 먼저다. 문법서에는 문제가 많기 때문에 많은 학생이 개념을 보면서 문제를 푸는데 이는 정말 잘못된 방식이다.

물론 아주 기초 단계에서는 괜찮다. 문법서는 보통 왼쪽 페이지에 개념, 오른 페이지에 문제가 나오는 형식인데 이럴 경우 잘 저지르는 실수다. 이렇게 보면서 문제를 풀면 결국 책 한 권을 끝냈지만, 개념이 잘 기억나지 않고 처음부터 다시 복습해야 하는 일이 생긴다. 자신의 언어로 적어 이해할 수 있을 때 문제를 풀어야 한다. 따라서 개념 노트를 작성하면 가장 좋다. 1단계에서 읽고 이해했다면 2단계에서는 개념 노트를 작성한다.

개념을 정리했다고 해서 모두 암기하기란 쉽지 않다. 암기하기 쉬운 구조로 도식화해 기억에 잘 남도록 해야 한다. 예를 들어 to 부정사의 용법이나 현재완료의 용법은 종류가 많아서 여러 학생이 늘 궁금해한다. 이런 주제는 개념을 구조화하는 작업을 반드시 해야 기억에 오래 남아 언제든 문제를 만났을 때 찾아 사용할 수 있도록 해야 한다.

한 개념에 대해 구조화하는 방법을 익혔다면 이제는 세부 사항, 즉 예문이나 예시를 함께 기억해야 한다. 모든 예문과 예시를 암기할 수는 없다. 자기가 기억에 가장 잘 남을 만한 예문이나 예시를 외우면 된다. 자신의 경우를 대입해서 예문을 만들면 더 기억에 잘 남는다.

한 개념에 대해 자신의 언어로 적거나 설명할 수 있을 만큼 개념이 완벽히 체화되었다면 이때 문제를 풀어도 되는 단계다. 그럼 이 단계가 되었는지 어떻게 알 수 있을까? 아무리 곱씹어봐도 내가 아는지, 모르는지 확인하는 방법을 거쳐야 비로소 확실해진다. 아래의 2가지 방법은 문법 문제를 풀 준비가 되었는지 아닌지 확인해보는 가장 확실한 방법이다.

'목차 공부법'은 키워드, 즉 목차가 되는 개념의 주제와 소주제, 소개념에 해당하는 키워드만 써놓고 그에 대한 설명과 예문, 예시를 적어 내려가는 공부법이다. 미리 책의 목차와 소주제를 백지 위에 써두고 앞서 구조화했던 내용을 적어보는 방법이다.

이 방법은 내용이 방대한 챕터를 공부할 때 적합하다. 목차가 함축된 역할을 하므로 이 목차를 보면서 하위 개념을 적어보는 연습을 한다. 생각이 안 나는 부분은 공백으로 남겨 두고, 한 주제를 완성해 다시 책을 보고 개념을 써넣어서 기억이 안 났던 부분을 보충한다.

'백지 테스트 확인법'은 공부한 것을 백지에 적어보는 것이다. 제목부터 소제목, 예시, 예문을 적어야 하므로 내용이 크게 방대하지 않은 유닛을 공부할 때 적합하다.

한 개념을 구조화하고 예문, 예시를 기억하는 연습까지 마쳤다면,

이 과정을 매 유닛, 챕터마다 반복한다. 이 과정이 쌓이고 쌓여 어느 정도 익숙해지면 이제는 맨 앞에 목차 부분을 펴자. 목차에 있는 각 장의 제목과 소제목을 보며 세부 내용을 기억해 내용을 곱씹어본다. 기억이 잘 안 난다면, 해당 부분에 적어두었던 도식화한 내용과 세부 예시를 다시 살펴보며 암기한다.

　이 방법을 누적하며 반복한다. 복기하며 기억이 안 났던 부분은 형광펜으로 표시한다. 그래도 기억이 안 난다면 빨간펜으로 또 표시한다. 나중엔 빨간펜으로 표시해둔 부분만 모아서 복습한다.

08

고교학점제는
어떻게 대비할까?

2025년 고교학점제 전면 시행을 앞두고 '2022 개정 교육과정'이 발표되었다. 의견이 분분하지만 기존 교육과정과 무엇이 달라지는지 어떻게 대비해야 좋을지 생각을 정리해보았다.

2015 개정 교육과정(현)

공통과목 (1~9등급)	일반선택 (1~9등급)	진로선택 (A,B,C 절대평가)	전문교과(일반계 진로선택) (A,B,C 절대평가)
영어	영어 I 영어 II 영어 독해와 작문 영어 회화	기본 영어 실용 영어 영어권 문화 진로 영어 영미 문학 읽기	심화 영어 회화 I, II 심화 영어 I, II 심화 영어 독해 I, II 심화 영어 작문 I, II

2022 개정 교육과정(2025년 고교학점제 시행)			
공통과목 (A,B,C,D,E 절대평가) 병행 표기	일반선택 (A,B,C,D,E 절대평가)	진로선택 (A,B,C,D,E 절대평가)	융합선택 (A,B,C,D,E 절대평가)
공통 영어 1, 2 기본 영어 1, 2	영어 I 영어 II 영어 독해와 작문	영미 문학 읽기 영어 발표와 토론 직무 영어 심화영어 심화 영어 독해와 작문 직무 영어	실생활 영어 회화 미디어 영어 세계 문화와 영어

변경 예정 교육과정이 기존 교육과정보다 실용 영어와 문학 작품 읽기 등 더 실용적이고 문학 소양을 요구할 것으로 보인다.

무엇을 준비해야 할까

해석의 중요성은 여전히 강조될 것이다. 신문 기사 읽기나 문학 작품 읽기와 같이 글의 길이가 길고 다양한 작품을 대하게 될 것이다. 해석 능력은 지금보다 더 강조되면 됐지 덜하지는 않을 것이다.

또한 문학 배경 지식을 쌓아야 한다. 즉, 한 작품을 깊게 읽고 사고하는 인문학적 사고가 아주 크게 요구될 것이다. 작품의 이해라든지 작가의 삶, 당시 사회적 상황, 외부 환경의 영향 등 다양한 요소를 고려할 줄 아는 깊은 통찰력이 필요하다.

현재 외고에서 원서로 수업하는 형식을 예로 들면 단테의 《신곡》, 《해리 포터》의 작가 J.K. 롤링의 생애, 마이클 샌델의 《정의란 무엇인가》 등의 작품을 읽고 분석하는 인문, 융합적 사고 능력이 상당히 강조될 것이다.

문학, 비문학을 가리지 않고, 읽고 요약해 자신의 언어로 가공하여 말하거나 쓰는 능력이 많이 요구될 것이다. 다시 말해 말하기와 쓰기 영역을 답을 맞혔나 틀렸나의 기준으로 채점하는 정량적인 평가가 아닌, 얼마나 잘 이해하고 표현하는지 그 과정을 측정하는 수행평가식 정성적 평가가 이루어질 것이다.

현 교육과정에서 필요한 쓰기 능력은 200자 정도로 한두 단락을 쓰는 능력이었다. 고교학점제를 시행해 가장 크게 달라지는 부분을 꼽으라 한다면 아마도 '쓰기' 능력일 것이다. 생각을 논리적으로 정리해 한 편의 글로 담는 형식의 에세이 쓰기 능력이 필수가 될 것이다. 이를 위해 어휘와 표현력 습득과 많은 습작 경험을 쌓아야 한다.

형태는 바뀌어도 골격은 같다. 현재 수능 지문은 대학교 또는 대학원 원서 수준의 글이다. 고교학점제를 시행한다 해도 지문의 종류와 결이 달라질 수 있어도 고난도이리라 예측한다. 학교 교과과정과는 여전히 괴리감이 클 것이므로 1년 정도 선행 학습이 필수일 것이라 조심스레 예측해본다.

방대한 양을 소화하고, 기초 읽기와 문법 실력을 갖추지 않는다면 수능의 벽은 여전히 높을 것이다. 배우지 않은 어휘와 지문이 출제될 것이므로 다양한 어휘책 암기는 필수이며 더불어 토플, 텝스식 영어 학습이 도움이 될 것이다.

09

외고나 자사고는
어떻게 준비할까?

매년 지도한 학생 중 외국어고등학교(외고)를 진학하는 학생들이 꽤 있다. 애초부터 외고를 목표로 한 학생도 있지만, 그렇지 않은 아이들이 더 많았다. 한마디로 딱히 준비한 게 없는데 외고에 진학할 수준의 영어 수준을 갖춘 아이들이 많았다.

기본적으로 성실했기 때문에 중학교 내신 관리를 아주 철저히 했다. 외고는 입학 전형 준비보다 '입학 후 얼마나 성적 유지를 잘할 준비가 잘되어 있느냐'가 관건이다.

영어 통합 능력 필요

외고는 학생들의 수준이 높아 높은 점수의 내신을 따기는 어려울수 있지만, 대체로 수시 전형이 잘 갖춰져 있어 내신 성적 대비 합격률이 높아 진학을 희망하는 학생이 많다.

영어, 중국어, 일본어, 러시아어 등 다양한 외국어 학과가 개설되어 있어 전공 외국어 수업을 듣는 동시에 평상시에도 영어 회화를 해 자연스럽게 커뮤니케이션 능력을 키울 수 있다. 수업을 대부분 영어로 진행하기 때문에 듣기가 잘 안 되면 수업 내용을 이해하기 힘들 수도 있다.

외고, 자사고 진학 이후를 고려했을 때 영어 통합 능력을 키우는 것이 매우 중요하다. 읽기, 듣기, 말하기, 쓰기, 어휘, 문법을 탄탄하게 공부해야 한다. 자사고나 외고 내신의 경우 대부분 학교에서 교과서로 수업하지 않고 문학, 비문학, 영시 장르의 원서로 수업한다. 고등학교 3년간 매번 문학 서적을 읽어야 한다.

최근 서울의 한 외고 고3 수행평가 과제가 '한국 문학과 서양 문학의 유사한 흐름을 조사하고 작품을 통해 입증하라'와 같은 형식으로 출제되었다. 영어를 그냥 잘하는 수준이 아니라 기본적으로 강독을 잘하고, 다양하게 읽어야 한다.

토플은 수행평가(에세이 쓰기, 말하기)와 교내 영어 대회에 도움이 되며, 텝스는 지필 평가에 유용하다. 토플, 텝스는 지문의 길이가 어마어마하게 길며 전문용어가 많이 나온다. 텝스든 토플이든 많이 해놓으면 자연스레 실력이 바탕이 되어서 엄청난 시험 범위도 소화할 능력을 키울 수 있다. 토플 120점 만점에 90~100점 정도, 뉴텝스 600점 만점에 370~400점 정도면 수업하는 데 아주 좋다. 자사고, 외고에서 이 정도 수준의 영어 공부를 하면 수능영어 1등급은 어렵지 않게 받을 수 있다.

외고, 자사고에서도 문법 비중이 높아지는 추세다. 어휘 수준은 텝스까지 하고 가는 것이 좋다. 반드시 텝스 문법을 학습해서 독해 지문 내 오류 찾기 연습을 많이 해볼 것을 권한다. 이를 위해 고급 독해를 위한 문법을 대비해야 한다. 영작, 어법 문제 대비와 문해력 향상은 텝스 문법과 유형이 거의 흡사하므로 반드시 이 문법 파트를 공략해야 한다.

외고뿐 아니라 고등학교 수준에서 성적을 변별하는 문항들은 '추론'을 기본으로 한다. 추론을 하려면 맞고, 틀리고, 오류가 있는지 정확하게 해석해야 풀린다. 이는 문법과 어법, 어휘 독해가 함께 실력을 쌓아 완성되는 아주 고난도 영역이므로 텝스와 토플 공부로 이런 능력을 기르고 진학하는 것은 외고 진학 후 생활에 큰 도움이 된다.

비연계 지문 대비는 토플 읽기 학습을 하는 것이 좋다. 이를 대비할 공부법은 토플과 텝스가 유일하다. 수행평가 대비도 마찬가지로 토플 듣기와 쓰기로 대비하자.

외고 내신 특징

수능 수준으로 준비해야 한다. 암기가 중요하다. 실력보다 성실성이 필수다. 서울 소재의 한 고등학교 경우 2021~2022년에 100점이 많아 지필 100점이어도 1등급이 나오지 않았다.

그 정도로 실력은 기본, 암기와 성실성은 필수로 갖춘 우수한 학생이 모인 곳이어서 어느 것 하나 빼놓을 수 없이 실력 향상에 힘써야 한다. 이를 위해서는 초등학교 5~6학년부터 실력과 공부 습관 형성이 모두 잘되어 있어야 한다.

외고는 기본적으로 어휘 수준이 상당히 높다. 정확히 이해하고 있는지 묻는 추론 문제가 다수 출제된다. 영작 문제는 어휘, 어법과 연계되어 문항 수는 적지만 높은 배점(10점)으로 출제된다. 또 교과서 내용과 연계된 테드TED, 에세이, 영문 기사 등의 고급 텍스트가 선정된다. 원문 변형의 정도가 심하며, 변형된 내용이 주요 출제 포인트를 이룬다.

10

텝스, 토플은
어떻게 준비할까?

텝스는 'Test of English Proficiency developed by Seoul National University'의 약자다. 서울대학교 언어교육원에서 개발하고 문항을 출제한다. TEPS 관리위원회가 주관하는 공인어학시험으로 영어가 모국어가 아닌 사람을 대상으로 영어 숙련도를 평가한다는 취지로 개발됐다. 청해, 어휘, 문법, 독해 이렇게 4가지 영역을 보며 만점은 600점이다. 한국 평균 점수는 약 320점대다. 대학생이나 성인들은 이 시험을 대학 졸업 시험이나 대학원 진학 목적으로 많이 본다. 일부 외고에서도 단체로 응시한다.

중고등학생이 텝스를 공부하면 무엇이 좋은가?

중·고등학생이 텝스를 공부하는 이유는 딱 한 가지다. 고등학교 내신과 수능을 동시에 대비할 수 있기 때문이다. 그렇다고 무턱대고 텝스를 하면 안 된다. 텝스는 수능보다 난도가 높아 수능 어휘나 독해를 일정 수준 이상 완성해놓지 못한 학생들은 수능 공부를 하는 편이 좋다. 텝스는 고등학교 내신이 수능 수준을 넘어서는 학군지 거주 학생이 주로 중학교 2~3학년 때 많이 공부한다. 고등학교 내신이 대학 입시를 결정짓는 중요한 시험이고, 변별력 있게 시험 문제가 출제되므로 텝스를 미리 공부해두는 경향이 있다.

텝스 특징을 간단히 살펴보자. 듣기 파트는 수능보다 훨씬 어렵다. 문법 파트는 지엽적인 부분을 많이 다뤄서 자세히 공부해야 한다. 어렵지만 수능 독해 지문과 어법 문제, 고등 내신 문제를 풀 수 있는 실력을 기르게 된다. 어휘는 정말 어렵다. 수능 영어를 능가하는 난도이며 전문적이고 어려운 어휘가 다수 출제된다. 따라서 어휘와 문법 문제로 변별력을 만드는 학군지 고등학교 내신을 대비하기에 적합하다.

텝스와 수능의 공통점과 차이점을 살펴보자. 수능과 고등학교 내신, 이 2가지와 연결되는 접합점이 있는 공부라는 점이 텝스의 큰 특징이다. 먼저 수능부터 살펴보자. 보통 뉴텝스 400~450점 이상이면 대략 수능 영어 1등급이 나온다.

수능	공통	텝스
함의 추론	빈칸 추론	어휘
글의 순서	주제 찾기	연결사 추론
장문	무관한 문장 찾기	
실용문	어법	
도표		
문장 삽입		
요약		

수능과 텝스의 상관관계

위처럼 독해 유형에서는 상당히 공통되는 부분이 많다. 추론이나 어법은 킬러 문항에 해당하는 유형으로 난도 높은 독해를 하는 데 도움이된다. 유형이 아주 비슷해서 준비하면 유용하다. 내신과 수능 모두 겹치는 부분이 많으므로 정말 최상위권이라면 도전해볼 만하다. 그렇다고 초등학생부터 텝스를 하라는 말은 아니다. 고등학교 진학 전까지 로드맵상 이를 염두에 두고 계획을 짜길 바란다는 의미다.

지역마다 차이가 있지만 난도로 따지면 높은 순대로 텝스, 고등학교 내신, 수능 순서다. 텝스는 '진짜' 영어 능력을 측정하는, 오로지 학문 영어 능력을 측정하는 시험이다. 그러다 보니 영역도 여러 가지로 나누어 본다. 모두 공부하다가는 시간이 부족하다.

하지만 수능 영어는 수능 과목 5과목 중 일부인 시험으로 주로 독해가 중점이다. 45문항 중 17개 문항이 듣기지만 중학생도 풀 수 있는 수준이다. 나머지 28문항 중 1문제 정도가 어법이며 이외에 성적을 결정짓는 문항은 모두 독해 시험이다.

만약 영어 실력이 탄탄하지 않은, 애매한 중상위권 중학교 3학년이 "저 텝스를 공부할까요?"라고 묻는다면 하지 말라고 한다. 수능을 위해서는 '수능 공부를 하는 게 맞다'고 생각한다. 단, 학군지 고등학교 내신도 함께 대비해야 하는 중학생이라면 공부할 가치가 있다.

토플은 어떤가?

텝스가 너무 어려워서 초등학교 상위권은 보통 토플을 준비한다. 토플은 외고나 자사고 진학 후 수업을 이해하는 데 큰 도움이 된다. 수능이나 고등학교 내신과는 딱히 연결고리는 없지만, 영어의 전반적인 능력 향상에 좋은 시험이다.

하지만 영역이 나누어져 있어서 많은 걸 준비해야 한다. 보통 초등학교 5~6학년 상위권들은 어학원에서 토플을 많이 하는데 모든 공부가 그렇듯 일장일단이 있다.

초등학생이 토플 과정을 수강하기 전 확인해봐야 하는 점이 있다. 정말 아이 실력이 토플을 해도 되는지 반드시 확인해야 한다. 어떻게 판단하나? 토플 시험을 봤을 때 70점을 넘는다면 토플을 공부하는 의미가 있다. 70점 이하이면 수능을 목표로 공부하는 것이 훨씬 낫다.

잘 모르는 부모 입장에서는 토플을 준비한다고 하면 빠지는 공부는 아닌 것 같이 느껴진다. 토플은 대학생이나 유학을 가는 아이들도 보는 시험인데 설마 아이한테 안 좋을까 싶어 학원 말대로 하긴 한다. 그런데 얼마 안 있다가 아이한테 이런 말을 듣는다.

"엄마, 나 이거 너무 어려워. 안 하면 안 돼?"

아이가 못하는 게 아니다. 토플은 원래 성인들이 보는 거라 아이들이 보기에 어려운 게 맞다. 유학에 가기 위해 보는 시험이므로 보통 대학생이 보는 시험이다. 영어, 그 자체로도 어렵지만 대학교 강의 수준의 내용을 시험 문제로 풀려고 하니 인지적으로 이해하기 힘든 부분이 많다. 영어도 잘해야지만 아이가 진짜 똑똑해야 이 시험을 이해할 수 있다. 어려운 것도 잘 참고할 수 있는 아이라면 나쁠 건 없지만 안 했다고 해서 빠지는 게 생기는 시험은 아니니 '선택' 정도로 생각하는 게 좋다.

반면에 주니어 토플은 영어 학습에 숙련된 초등학교 3~4학년이라면 고득점을 받을 수 있는 수준의 시험이다. 어렵지 않다. 보통 대형 어학원 레벨 테스트에서 주니어 토플 지문으로 시험을 구성해놓았다. 어학원 레벨 테스트 전에 주니어 토플로 연습하라는 소리도 있긴 하다. 배경 지식을 많이 요구하는 지문이 주를 이루며 전 영역에 걸쳐 문제 푸는 기술까지 갖춰져 있어야 점수를 받을 수 있다. 읽기 부분을 보면 일반 독해서나 다른 스킬북과 다를 바 없다.

주니어 토플 지문을 읽는 아이라고 가정했을 때 이 단계의 양질의 독해서와 주니어 토플 지문을 비교하면 독해서가 지문의 질이 훨씬 좋다. 단지 주니어 토플은 읽기 전략을 집중적으로 훈련시키는 특징이 강한 시험이라 초등학교 5~6학년이 하기에 나쁘지 않다. 하지만 이 또한 양질의 읽기 스킬북과 독해서가 많아서 대체할 수 있다.

주니어 토플로 리딩 공부하는 것은 추천하지 않지만, 듣기 파트는 조금 다르다. 주니어 토플 리스닝의 수준은 듣기 스킬북보다 수준이 훨씬 높다. 스크립트의 주제, 말하는 속도, 들어야 하는 정보의 양 등이 월등히 어렵다.

주니어 토플 듣기 교재와 브릭스 듣기 교재를 비교해보자. 주니어 토플 듣기 기본편에 해당하는 레벨을 브릭스 시리즈 중에 꼽으라 한다면 못해도 《Bricks Listening 350 Level 1》(Bricks) 이상이다. 웬만하면 초등학교 6학년 정도에 이 레벨까지 듣기를 하는데, 이 정도 난이도라고 보면 된다.

단계별 학습 목표 정리표

부록에는 전략적 학습을 위해 필요한 '단계별 학습 목표 정리표'와 이를 위해 필요한 '수준별 스킬북 목록'을 담았다.

학습 목표는 앞선 내용을 한눈에 볼 수 있도록 지표화한 것이다. 목표로 하면 좋다는 말이지 이를 성취하지 못했다고 낙심하거나 포기하지 않았으면 한다.

아울러 '5장 02. 영역별 비중과 적정 공부량'에서 소개한 '3가지 트랙 로드맵'에 필요한 교재를 정리했다. 각 트랙을 밟는 데 유용하게 쓰일 만한 교재를 모았다. 아이의 상황과 실력에 따라 셋 중 선택해 사용하면 유용할 것이다.

지면 관계상 책 표지는 함께 수록하지 못하고 책 이름과 학습 대상을 표기했다. 초등학교 3학년~중학교 3학년까지 총 7년 동안 큰 흐름을 연차별 목표로 세분화해서 정리했다. 길다면 길고 짧다면 짧을 수 있는 7년, 아이들의 일상에서 좋은 책을 자주 들춰보며 도움이 되기를 소망한다.

표에 제시한 책만 사용해야 하는 건 아니다. 이외에도 좋은 교재가 많다. 다만, 수년간 내가 써보고 효과가 좋았던 책만 엄선해놓은 모음집 정도로 생각해주면 좋겠다.

렉사일Lexile 지수와 학습 대상 표기 등은 모두 출판사에서 제시한 자료를 참고했다. 학습 대상은 출판사마다 기준이 다를 수 있으니 선택이 어렵다면 '3장 골라줄게 영어책' 코너를 참고해 교재를 선정하면 좋겠다.

교재 출판사 사이트에 단어 테스트지나 전자책, 받아쓰기 활동지, 리뷰 테스트, 답지 등을 제공하니 적절히 활용하자.

LEVEL 1 파닉스 배우기 간단한 문장 읽기 3학년 1학기	학습 목표	**읽기 완전히 떼기** **기초 읽기** **듣기 익히기**
	중점 사항	파닉스 마치기 리더스북 집중해 읽기 아이의 성향에 따라 기초 스킬북 섞어 읽기
LEVEL 2 (7개월~1년 6개월 차) 초등 기초 과정 3학년 2학기~ 4학년 1학기	학습 목표	**4대 영역 맛보기, 기초 쌓기**
	중점 사항	**읽기**: 코스북(단어수 최소 200까지) **듣기**: 아이 수준에 맞는 듣기 **문법**: 기초 개념 이해하기(글의 체계 훈련) **어휘**: 어휘 학습의 중요성 인지하기
LEVEL 3 (1년 6개월~3년 차) 초등 다지기 과정 4학년 2학기 ~5학년 2학기	학습 목표	**4대 영역을 세분화해 다지기**
	중점 사항	**읽기**: 배경 지식에 중점을 둔 비문학 집중 학습 **듣기**: 받아쓰기하기 **문법**: 선행학습보다 심화학습이 문법 점수를 좌우 **쓰기**: 정확한 문장 쓰기 연습. 문장 구조 습득 **어휘**: 어휘 심화 학습으로 영어에 날개 달기

	학습 목표	**본격적으로 중학생 수준으로 공부하기**
LEVEL 4 (3년~5년 차) 초등 심화 과정 6학년	중점 사항	**읽기**: 장문의 원서형 읽기 **듣기**: 확장된 다양한 듣기 접하기 **문법**: 큰 그림 그리며 용어까지 학습, 입시 문법 **쓰기**: 단락 쓰기 연습 **어휘**: 어휘 풀(pool) 바꿔주기(보유한 어휘의 종류를 다른 종류로 바꾸고 늘리기)
	학습 목표	**중학교 고난도 수준의 영어를 마무리하기**
LEVEL 5 (5년~6년 차) 중학교 심화 과정 중학교 1~2학년	중점 사항	**독해**: 우리말로 정확하게 장문 독해하기 **듣기**: 원서형 듣기 공부하기 **문법**: 적용력을 키우는 심화 문법 공부하기 **쓰기**: 중학교 수행평가 대비하기 **어휘**: 고등학교 어휘 선행학습하기
	학습 목표	**수능과 고등학교 내신은 가성비 있는 공부가 핵심**
LEVEL 6 (6년~7년 차) 고등학교 대비 과정 중학교 3학년	중점 사항	**독해**: 모의고사 지문 중 킬러 문항 집중 공략하기 **듣기**: 수능 17문제 공략하기 **문법**: 어법 집중 공략하기 **서술형**: 득점의 기술, 통 문장 암기하기 **어휘**: 수능 기출 어휘 완성하기

수준별 '3가지 트랙' 스킬북 리스트

 **초등학교 3~4학년에 AR 2~3점대 도달한 그룹,
추천 교재표(영역별, 스킬북+입시서 섞음)**

입시서는 학습 연차와 무관하다. 학년을 기준으로 보면 된다. 모든
교재를 다 할 필요는 없다. 단계별로 아이와 잘 맞는 교재를 골라 시
리즈별로 하는 방법을 추천한다. 오랫동안 써보고 그중에서 특별히
유용하게 사용했거나 독자들이 꼭 한번 사용해봤으면 하는 교재들은
별표*로 표시했다. 참고하길 바란다.

읽기 영역

학습 대상	출판사	교재명	Lexile
초등 3~4	A List	《Wonderful World Basic 4~6》	50–120L
		《Wonderful World Prime 1~6》	100–290L
		《Wonderful World Master 1~6》*	200–450L

학습 대상	출판사	교재명	Lexile
초등 3~4	NE능률	《Easy Link Starter》	–
		《Easy Link 1~3》	240–280L
		《Easy Link 4~6》	320–380L
		《Insight Link Starter 1~3》	400–500L
		《Read It 100 1~3》	270–400L
	Bricks	《Bricks Reading 100 1~3》	200–300L
		《Bricks Reading 150 1~3》	300–400L
		《Bricks Reading 200 1~3》*	400–500L
초등 5~6	Bricks	《Bricks Reading 250 1~3》*	500–600L
		《Bricks Reading 300 1~3》	600–750L
		《Bricks Subject Reading 100 1~4》	800–950L
	NE능률	《Insight Link 1~3》*	500–610L
		《Insight Link 4~6》	670–760L
		《Subject Link Starter 1~3》	430–460L
		《Read It 150 1~3》	490–640L
		《Subject Link 1~3》	520–610L
		《Read It 200 1~3》	660–780L
		《Subject Link 4~6》	720–830L
		《Read It 250 1~3》	820–920L
		《Subject Link 7~9》	860–950L
중 1~2	NE능률	《Junior Reading Expert 1》	650–750L
		《Junior Reading Expert 2》*	700L–800L
		《Junior Reading Expert 3》*	750L–850L
		《Junior Reading Expert 4》	800L–900L

학습 대상	출판사	교재명	Lexile
중 2~3	넥서스에듀	《This is Reading 1~2》*	–
		《This is Reading 3~4》*	–
	NE능률	《Reading Expert 1》*	900–950L
		《Reading Expert 2》*	950–1000L
중3	NE능률	《Reading Expert 3》	1000–1050L
		《Reading Expert 4》	1050–1100L
		《Advanced Reading Expert 1》	1200–1300L
		《Advanced Reading Expert 2》	1300–1400L
	수경출판사	《자이스토리 고1 영어 독해 기본》*	–
	쎄듀	《첫단추 BASIC 독해편 1~2》*	–
		《첫단추 독해유형편》*	
		《첫단추 Button Up 독해 실전편》*	
	마더텅	《2023 학교 내신 및 수능대비 마더텅 수능기출 전국연합 학력평가 20분 미니모의고사 24회 고1 영어 영역》	–

듣기 영역

학습 대상	출판사	교재명	학습 연차
초등 3~4	Bricks	《Bricks listening Beginner 100 1~3》	1~2년
	NE능률	《Listening Stage Starter 1~3》	1~2년
	A List	《Listening Juice for Kids Student Book 1~3》	2년
		《Listening Juice Jump 1~2》	2~3년
	Bricks	《Bricks listening Beginner 150 1~3》*	2년
	NE능률	《Listening Stage 1~3》	2~3년
		《Listening Season 1~3》*	2~3년

학습 대상	출판사	교재명	학습 연차
초등 5~6	Bricks	《Bricks listening High Beginner 200 1~3》*	2~3년
		《Bricks listening 250 1~3》*	3~4년
	NE능률	《Listening Planner 1~3》	3~4년
중 1~2	Bricks	《Bricks listening Intermediate 250 1~3》*	3년 이상
		《Bricks listening 300 1~3》*	4년 이상
		《Bricks Intensive listening》	4년 이상
		《Listening Practice Through Dictation 1~4》	3~4년 이상
중3	수경 출판사	《자이스토리 중등 듣기 총정리 모의고사 25회 중1》	무관 (중학생부터는 학년 기준)
		《자이스토리 중등 듣기 총정리 모의고사 25회 중2》*	
		《자이스토리 중등 듣기 총정리 모의고사 25회 중3》	
	쎄듀	《첫단추 모의고사 듣기유형편》	무관 (중학생부터는 학년 기준)
		《첫단추 듣기실전편 모의고사 20회》*	
		《파워업 Power Up 듣기 모의고사 40회》*	
		《쎈쓰업 Sense Up 듣기 모의고사 30회》	

문법 영역

학습 대상	출판사	교재명	학습 연차
초등3	이퓨쳐	《My First Grammar 1~3》*	1~2년
	A List	《The Best Grammar 1~3》*	2~3년
초등4	이퓨쳐	《My Next Grammar 1~3》*	1~2년
	A List	《The Best Grammar Plus 1~3》*	2~3년
초등 5~6	NE능률	《Grammar Inside 1~3》*	무관
	넥서스에듀	《Grammar Bridge 1~3》*	무관
	해커스	《기출로 적중 해커스 중학영문법 1학년》*	무관
	좋은책 신사고	《진짜 잘 이해되는 중학영문법 1》	무관

학습 대상	출판사	교재명	학습 연차
중1	해커스	《기출로 적중 해커스 중학영문법 2학년》*	무관
	좋은책 신사고	《진짜 잘 이해되는 중학영문법 2》	무관
중2	해커스	《기출로 적중 해커스 중학영문법 3학년》*	무관
	좋은책 신사고	《진짜 잘 이해되는 중학영문법 3》	무관
	쎄듀	《기출로 때려잡는 중학 영문법 1~3》	무관
		《실전에 바로 적용하는 잘 풀리는 영문법 1~3》	무관
중3	쎄듀	《문법을 알아야 독해가 된다》*	무관
		《어법끝 START》*	무관
		《어법끝 START 실력다지기》*	무관
		《천일문 기본 Basic 1001 Sentences》*	무관
		《천일문 핵심 Essential 500 Sentences》*	무관
	좋은책 신사고	《진짜 잘 이해되는 고교 영문법 1~2》	무관

구문 영역

학습 대상	출판사	교재명	학습 연차
초등6~중1	쎄듀	《천일문 STARTER 1~2》	무관
중1~2	쎄듀	《천일문 입문 Intro 500 Sentences》	무관
		《천일문 기본 Basic 1001 Sentences》	무관

쓰기 영역

학습 대상	출판사	교재명	학습 연차
초등3	NE능률	《Write It! Beginner 1~3》	1~2년
		《Write Right Beginner 1~3》	1~2년
초등4	NE능률	《Write It! 1~3》*	3~4년
		《Write Right 1~3》*	3~4년

학습 대상	출판사	교재명	학습 연차
초등 5~6	NE능률	《Write Right Paragraph to Essay 1~3》	3~4년
		《Write It! Paragraph to Essay 1~3》	4~5년
	쎄듀	《중학 영어 쓰작 1》	무관
중1	NE능률	《쓰기로 마스터하는 중학 서술형 1학년》*	무관
	A List	《수행평가 되는 중학 영어글쓰기 1》	무관
	쎄듀	《중학 영어 쓰작 2~3》*	무관
중2	NE능률	《쓰기로 마스터하는 중학 서술형 2학년》*	무관
		《쓰기로 마스터하는 중학 서술형 3학년》*	무관
	A List	《수행평가 되는 중학 영어글쓰기 2학년》	무관
중3	A List	《수행평가 되는 중학 영어글쓰기 3학년》	무관
	쎄듀	《올쏨(ALL쏨) 서술형 1~2》*	무관
		《올쏨(ALL쏨) 서술형 3》	무관

어휘 영역

학습 대상	출판사	교재명	학습 연차
초등3	Bricks	《Bricks Vocabulary 300》	1~2년
		《Bricks Vocabulary 900》	1~2년
	Compass	《1000 Basic English Words 1~4》*	2~3년
초등4	Compass	《2000 Core English Words 1~4》*	2~3년
	월드컴 ELT	《Reading for Vocabulary A~D》*	2~3년
	Bricks	《Bricks Vocabulary 2300》	2~3년
초등 5~6	이투스북	《워드마스터 중등 기초》	무관
	월드컴 ELT	《Word Max 5300 1~2》	무관
	쎄듀	《어휘끝 중학 필수》	무관
	해커스 어학연구소	《해커스 보카 중학 기초》	무관

학습 대상	출판사	교재명	학습 연차
중1	이투스북	《워드마스터 중등 실력》	무관
	쎄듀	《어휘끝 중학 Master》	무관
	월드컴 ELT	《Word Max 5300 3~4》*	무관
	해커스 어학연구소	《해커스 보카 중학 필수》	무관
중2	이투스북	《워드마스터 중등 고난도》	무관
	쎄듀	《어휘끝 중학 마스터》	무관
	월드컴 ELT	《Word Max 5300 5~6》	무관
	해커스 어학연구소	《해커스 보카 중학 고난도》*	무관
중3	이투스북	《워드마스터 고등 베이직》*	무관
		《워드마스터 수능 2000》*	무관
	쎄듀	《어휘끝 고교 기본》	무관

 실용 영어 시기를 놓쳤지만, 초등학교 5~6학년에 입시 영어를 따라가고 싶은 그룹, 추천 교재표

난이도 순으로 작성했다. 더 필요한 교재는 1그룹의 입시서 추천 (학습 연차 '무관' 부분 교재 참고)을 참고하기 바란다. 2그룹은 주로 초등학교 5~6학년에 영어 학습을 시작한 학생 대상이므로 학습 연차를 1~2년으로 가정했다.

읽기 영역

학습 대상	출판사	교재명	학습 연차
초등 5~6	Bricks	《Bricks Reading 170 Nonfiction 1~3》	약 1~2년
		《Bricks Reading 240 Nonfiction 1~3》	

학습 대상	출판사	교재명	학습 연차
초등 5~6	NE능률	《주니어 리딩튜터 스타터 1~2》	약 1~2년
		《주니어 리딩튜터 1》*	
		《Reading Inside Starter》	
중 1~2	NE능률	《주니어 리딩튜터 2~4》	
	넥서스에듀	《This Is Reading Starter 1~3》*	
	키출판사	《중학 영어 구문이 독해다 Starter》	
	수경출판사	《자이스토리 중등 영어 독해 기본 1~3》	
중3	NE능률	《고득점 독해를 위한 중학 구문 마스터 1~2》	

듣기 영역

학습 대상	출판사	교재명	학습 연차
초등5 ~ 중3	마더텅	《마더텅 100% 실전대비 MP3 중학영어듣기 24회 모의고사 1~3학년》	약 1~2년
	EBS 교육방송	《EBS 중학 영어듣기 능력평가 완벽대비 1~3》	
	NE능률	《능률 중학영어듣기 모의고사 22회 1~3》	

문법 영역

학습 대상	출판사	교재명	학습 연차
초등5 ~ 중3	NE능률	《초등 Grammar Inside 1~6》	약 1~2년
	쎄듀	《EGU 영단어&품사(서술형 기초 세우기) 1~2》	

쓰기 영역

학습 대상	출판사	교재명	학습 연차
초등5 ~ 중3	키출판사	《초등 첫 영문법 문법이 쓰기다 Starter 1~2》	약 1~2년
		《초등 영문법, 문법이 쓰기다 기본 1~2》	

어휘 영역

학습 대상	출판사	교재명	학습 연차
초등5 ~ 중3	NE능률	《주니어 능률 VOCA STARTER 1~2》	약 1~2년
		《주니어 능률 VOCA 입문, 기본, 실력》*	

3그룹 영어 유치원, 리터니, 영어 레벨 '상' 그룹, 추천 교재표

핵심 교재만 추렸다. 초등학교 6학년부터 1그룹의 입시서 추천(학습 연차 '무관' 부분 교재 참고)을 참고하길 바란다. 수입서는 국내 수입 출판사(또는 현지 출판사)명으로 표기했다. 3그룹은 따로 학습 연차를 표기하지 않았다.

읽기 영역

학습 대상	출판사	교재명	학습 연차
초등 3~4	월드컴 ELT	《Reading Highlights 1~3》*	레벨 상
	Cengage Learning	《Reading Explore Foundation》*	
		《Reading Explore 1》*	

학습 대상	출판사	교재명	학습 연차
초등 5~6	Cengage Learning	《Reading Explore 2~4》	레벨 상
	NE능률	《Reading Expert 1~4》	
	Compass	《On Point》	
	Cengage Learning	《TED TALKS perspective》	
	Thomson	《Reading & Vocabulary Development 1~3》*	
	Compass	《Reading for the Real World》	
중1~2	Cengage Learning	《Reading Explore 5》	
	NE능률	《Advanced Reading Expert 1》*	
중2~3	NE능률	《Advanced Reading Expert 2》	
		《Reading Peak 1》	
		《능률고급독해》*	

듣기 영역

학습 대상	출판사	교재명	학습 연차
초등4	월드컴	《Master TOEFL Junior Basic》	레벨 상
		《Master TOEFL Junior Intermediate》*	
초등 5~6	Bricks	《Bricks Listening 350 1~3》	
	Compass	《Target Listening with Dictation 1~2》*	
	Bricks	《Bricks Intensive Listening 1~2》	

문법 영역

학습대상	출판사	교재명	학습 연차
초등 3~5	McGraw-Hill	《Grammar Form & Function 1A, 1B》*	레벨 상
		《Grammar Form & Function 2A》	
	Cengage Learning	《Grammar Explore 1A, 1B》	
		《Grammar Explore 2A, 2B》	
		《Grammar Explore 3A》	

쓰기 영역

학습대상	출판사	교재명	학습 연차
초등 3~4	Compass	《Writing Framework for Paragraph Writing》	레벨 상
	Cengage Learning	《Great Writing 1~3》*	
초등 5~6	Oxford University Press	《Effective Academic Writing 1~3》*	

어휘 영역

학습대상	출판사	교재명	학습 연차
초등 3~4	Sadlier Oxford	《Vocabulary Workshop Tools for Comprehension Purple》	레벨 상
		《Vocabulary Workshop Tools for Comprehension Green》*	
초등 5~6	Sadlier Oxford	《Vocabulary Workshop Tools for Comprehension Orange》*	

영어 1등급, 초등 4학년에 결정된다

1판 1쇄 발행 2023년 12월 4일
1판 4쇄 발행 2024년 9월 12일

지은이 김수민
발행인 오영진 김진갑
발행처 (주)심야책방

책임편집 박수진
기획편집 유인경 박민희 박은화
디자인팀 안윤민 김현주 강재준
교정교열 오현미
마케팅 박시현 박준서 조성은 김수연 김승겸
경영지원 이혜선

출판등록 2006년 1월 11일 제313-2006-15호
주소 서울시 마포구 월드컵북로5가길 12 서교빌딩 2층
독자 문의 midnightbookstore@naver.com
전화 02-332-3310 **팩스** 02-332-7741
블로그 blog.naver.com/midnightbookstore
페이스북 www.facebook.com/tornadobook

ISBN 979-11-5873-235-6 (03370)